U0139717

与悲伤共舞

穿越模糊悲伤之旅的实用指南

[美] 斯蒂芬妮·萨拉辛（Stephanie Sarazin）　著

王明粤　译

人民东方出版传媒
People's Oriental Publishing & Media
东方出版社
The Oriental Press

图字：01-2023-3401

Soulbroken：A Guidebook for Your Journey Through Ambiguous Grief

Copyright © 2022 by Stephanie Sarazin

This edition published by arrangement with Grand Central Publishing, New York, USA.

All rights reserved.

图书在版编目（CIP）数据

与悲伤共舞：穿越模糊悲伤之旅的实用指南 /（美）斯蒂芬妮·萨拉辛著；王明粤译 . —北京：东方出版社，2023.11

书名原文：Soulbroken：A Guidebook for Your Journey Through Ambiguous Grief

ISBN 978-7-5207-3635-0

Ⅰ . ①与… Ⅱ . ①斯… ②王… Ⅲ . ①悲－心理学－研究 Ⅳ . ① B84

中国国家版本馆 CIP数据核字（2023）第 173181号

与悲伤共舞：穿越模糊悲伤之旅的实用指南

（ YU BEISHANG GONGWU：CHUANYUE MOHU BEISHANG ZHI LV DE SHIYONG ZHINAN ）

作　　者：[美] 斯蒂芬妮·萨拉辛（Stephanie Sarazin）

译　　者：王明粤

策划编辑：鲁艳芳

责任编辑：黄彩霞

出　　版：东方出版社

发　　行：人民东方出版传媒有限公司

地　　址：北京市东城区朝阳门内大街 166 号

邮政编码：100010

印　　刷：三河市冠宏印刷装订有限公司

版　　次：2023 年 11 月第 1 版

印　　次：2023 年 11 月北京第 1 次印刷

开　　本：880 毫米 ×1230 毫米　1/32

印　　张：7.5

字　　数：164 千字

书　　号：978-7-5207-3635-0

定　　价：59.80 元

发行电话：（ 010 ）85924663　85924644　85924641

献给我的孩子：山姆、艾莉和阿比盖尔，

他们对我毫不含糊的爱让我重新站了起来。

献给那些因悲伤而迷失的人，

他们曾经失去的光芒

也许会成为点燃你的火焰。

目　录

引　言

不堪回首的过去

那是一个平常的星期二早上，我急需打印东西但我的电脑坏了，于是我打开了丈夫的手提电脑。这一举动再寻常不过，但几秒后，我的世界崩塌了。我发现，和我结婚18年的丈夫、我3个孩子的爸爸、我爱了20余年的男人，原来并没有像我以为的那样忠诚且疯狂地爱着我。如果那天早上我的工作电话没有取消，或者我晚1分钟打开他的手提电脑，我就不会听到屏幕角落那封邮件的送达提示音。它证实我的丈夫在一个在线交友网站上续费。这封邮件只是个开端，它牵出数不清的邮件：有些邮件用肉麻的昵称，订购了一些不是送给我的浪漫礼物，这让我感到震惊；其他邮件提供了一些与现实不符的细节，让我感到疑云重重；旅行确认邮件里是我所不知道的行程，行程时间也与我的安排没有交集。一桩接一桩，这些邮件对我进行了暴击，迫使我面对一个极具毁灭性的全新真相。我如同进入了游乐场里的欢乐屋，众所周知，欢乐屋的每个房间都让你头昏目眩——地板剧烈震动，墙壁忽大忽小，镜子以难以想象的方式扭曲你的形象。我被迫见识到了欢乐屋的电子版本，却一点也不"欢乐"。我不顾一切，一次又一次点击鼠标，想要摆脱无意卷入的混乱现实，但我越想寻求一个解释，这欢乐屋就变得越离奇。这台恐怖的手提电脑不断向我证实一个可怕的秘密：他已经出轨多年，且有"很多"女人。我被突如其来的打击弄得失魂落魄，原来我的婚姻、我的丈夫和我的生活都不是我以为的那样。我的身体感到刺痛，恐惧蔓延至每个细胞，我深深地知道出问题了，我感到很没安全感。

我给丈夫打电话让他下班回家，然后倒在地上抽搐，很快就把早餐吐到了旁边的地板上。我不确定躺了多久，全身麻木，除了大脑像被高压电击中一样。在我6岁生日那天，我经历了一次可怕的游乐场之旅，导致我的大脑短路了。那时，离心转盘越转越快，我看着自己逐渐远离地板，不明白发生了什么。我经历着前所未有的恐慌，而且这种恐惧无法消除。最终我倒在地上哭了，身子无法动弹。但现在，作为一名成年人，我的大脑试图把两个不可能的极端进行连接，将我所看到的内容进行组织，形成一个我的大脑能理解的故事。我在脑海里疯狂地搜索答案，努力拼凑出合理的故事。但如同图书管理员不能精准定位一样，我的大脑只给了我一项最相近的内容—— 一段尘封的记忆，它仿佛在说："我无法解释当下发生的事情，但是我发现你6岁那年遭遇的一段扭曲的经历也曾让你产生类似的生理反应。"我的身体反应和心理反应都与多年前一样。成年后的大脑无法在现实中做出解释，它记住了童年的经历，并把它提取出来，内容不多但聊胜于无。

我过去的生活瞬间一去不复返了，但我并没有马上意识到这一点。直到冲击逐渐减弱以及经过几次婚姻治疗后，我才明白自己所嫁的并不是20多年前交付真心的那个人。他已经变了，而我从未察觉。或许，他一直都是这样的人，只是我从来没有发现而已。不久之后，我们离婚了。这一事件给我带来很大的创伤，并破坏了我的幸福生活，这让我伤透了心。我失去了丈夫，失去了我们共同创造的美好生活，当我试图弄明白前因后果时，心中满是悲伤。

接下来的3年里，我很幸运地得到了艾米的持续辅导，她是一名很棒的治疗师，事件发生的第二天我就向她寻求帮助。她耐心承载我的悲伤，允许我有自己的见解，而当我在错误的方向上停留太久时，又会很有技巧地把我拉回来。她非常适合这份工作，尤其适合我这样没有接受过治疗或者缺乏悲伤经验的人。我之前对心理治疗和悲伤的认识都不深，以为治疗的对象都是那些不了解自我的人，以为失去亲人的人才会感到悲伤。

我对这两者的理解大错特错——我对悲伤的理解尤为天真。我以为当悲伤来临时，我会像精神病学家伊丽莎白·库伯勒－罗丝（Elisabeth Kübler-Ross）提出的那样，经过否认、愤怒、讨价还价、抑郁和接纳五个阶段，而这五个阶段是依次发生的。然而，我的悲伤却很混乱，也更加复杂。令我惊奇的是，这些阶段任意来去，毫无顺序可言。例如，在某个时刻，我会感到"接纳"，不料下一刻平静竟被"愤怒"夺走。第二天，情况有可能依旧，或者"抑郁"也可能跑出来，接着我会"否认"，而后转回"愤怒"。更重要的是，我的悲伤会在某个阶段循环往复，

而在库伯勒 – 罗丝的模型中并没有提到这一阶段。我初经悲伤的症状与经历亲人去世所感到的悲伤并不一样。

我终于明白，为失去尚在人世的挚爱之人（背叛的伴侣、染上毒瘾的孩子、患上退行性疾病的父母）而悲伤，与为离开人世的挚爱之人而悲伤有所不同。我们不会为前者举行葬礼或者献上深情的悼词，用一种健康的方式安放我们的悲伤。治疗师保罗·博斯（Pauline Boss）首次对模糊丧失（ambiguous loss）进行了定义，意为挚爱之人失踪或无法确定其是否死亡，例如士兵在战争中死亡但没有找到他的遗体。为失去尚在人世的挚爱之人而悲伤与模糊丧失所带来的悲伤也不太一样。后来，模糊丧失的定义延展至身体无恙但心理缺失的情况，例如挚爱之人患上阿尔茨海默病、创伤性脑损伤或者其他会影响思维或记忆的慢性心理疾病。如同博斯所定义的那样，模糊丧失还可能由说不清道不明的丧失所引起，例如自杀或婴儿夭折。但这对我来说仍然不太符合，因为认为某人死了不会再回到我们身边是一回事，认为挚爱之人实实在在地活着（有时我们仍同住在一个房间或者只隔几英里远）也许会再次回来又是另一回事。对于我来说，即使博斯博士的研究令人钦佩，但他的模型对我并不适用，没有印证我的具体经历，也没有描述出我试图定义的悲伤过程。虽然我的丧失不属于模糊丧失，但是我的悲伤相当混沌，我并不知道该如何驾驭这样的悲伤，由此我开始了漫长的试错过程。

我对如何应对这一境况充满好奇和渴望，这最终让我找回了自我。但这不是快速完成的，当然这也不可能快速完成，因为我是个慢热的人——我学会了宽恕，不再回想过去的生活，不过离理想状态差得有点远。首先，我尝试寻找资源处理我所经历的悲伤。尽管我处理过很多抑郁症和离婚的案例，但我找不到相关信息帮助自己处理这极大的悲伤——在我心中，尚在人世的丈夫以及我如此热爱的婚姻已经死去。在探寻的过程中，我发现这种经历并非我独有，其他人也有。他们只是不去谈论，因为带来悲伤的事件常常被他们内化为羞耻或尴尬，所以他们想将自己遭受的损失降到最低——如果不能做到完全保密，他们就会远离人群独自舔伤。

没有一本指南来指导我的疗伤之旅，我花费了一整年的时间，以及与艾米一周一次的心理治疗来消化这件事。我读了雪莉·桑德伯格（Sheryl Sandberg）和亚当·格朗（Adam Grant）合著的《另一种选择：面对逆境，建立韧性并寻求快乐》（Option B: Facing Adversity, Building Resilience, and Finding Joy）。过去我曾与亚当短暂共事，所以我与他取得了联系。尽管书中所描述的一些治疗工具如建立韧性和做记录是有效的，但作者所提供的其他工具更清楚地表明：我的悲痛虽然与桑德伯格的悲痛有相似之处，但并不完全相同——她深爱的丈夫死于一场意外。亚当鼓励我继续验证和梳理两者的差异。几个月之后，我对模糊悲伤有了更完善的看法，我向TEDWomen年会提交了参会申请，令人激动的是，我的申请被批准了。

在与其他参会者进行交流的过程中，我越来越明确的是：模糊悲伤的范畴比我最初想象的还要大。不仅如此，有些引起模糊悲伤的情境是我从未意识到的。我听到很多心碎的故事——一位新娘被临时变卦的新郎留在教堂的圣坛上，一个女人在小时候被她深爱的母亲遗弃，一位祖母突然拒绝探访她心爱的孙子孙女。每个人都用低沉的声调诉说，揭露事情的真相，满怀因丧失而无处安放的悲伤。我开始好奇：还有多少人也想弄明白自己的模糊悲伤是怎么一回事。

年会上人们对这个话题很感兴趣，并给予了反馈。受此鼓舞，我开始在网络上分享我与悲伤作斗争的经历，并为自己收到的回复感到吃惊。那些与我同病相怜的人悲伤的情况和原因各有不同：有些人是因为离婚或与人心生间隙，有些人是因为认知退化或精神疾病；相同之处是给他们带来悲伤的人尚在人世，他们感到孤独，渴望被理解。在我和其他模糊悲伤者之间，我找到了有趣的共同点；对于这类悲伤究竟为何与众不同，我也提出了理论假设。我和其他人分享了自己的观点，包括索菲亚·考德尔 (Sophia Caudle) 博士，她是我的眼动脱敏治疗师。眼动脱敏疗法（EMDR）令人恐惧但是效果很神奇，是艾米给我推荐的，在后文中我们会进一步介绍。由于我不再是考德尔医生的病人，没有伦理的限制，所以我决定和她合作，更深入地研究悲伤这种情绪状态的过程。我们最终研制出一套测量评估工具，并使用这套工具进行了基于混合设计的探索和调查。我们共同执笔，将调查结果用于构建模糊悲伤过程模型（Ambiguous Grief Process Model）。此外，我们的研究试图评估美国模糊悲伤者的数量：保守估计，在经历过相关诱发事件（例如离婚、情侣的背叛、一段关系的结束、亲人确诊痴呆或者阿尔茨海默病）的人群中，约有 60% 的人会体验到模糊悲伤。

从那时起，我发现这种悲伤本质上会引发强烈的情绪体验，而这种体验并不是每个人都会遇到。在你生命中的某个时刻，你很可能经历过令人心碎的丧失：挚爱的人离世、心爱的宠物丢失、珍贵的友谊解体、理想的工作离你而去。所有这些都是很容易理解的"压倒性的痛苦经历"，这正是《牛津英语词典》对心碎的定义。回顾自己的生活，你也许可以准确地说出第一次心碎是什么时候，因为它给你留下了深刻而强烈的印象。即使现在已步入中年，我仍然记得十几岁时第一次心碎的情形。

当我们失去所爱之人，我们失去的远不止于此，这意味着我们也失去了部分自我。当失去的人过去与我们的联系如此紧密，那么与我们密不可分的就不仅是这个人，更是我们之间的关系，所以关系的丧失常常也是自我的丧失。这就是为什么这种丧失带来的不仅仅是心碎，更是伤心欲绝。尽管模糊悲伤可能会触发这种痛楚，但这并不是痛失自我的先决条件，早年失去亲子关系的人和刚失去相伴多年伴侣的寡妇也会遭遇这种痛楚。这是一段令人恐惧、让人不安的时光，因为模糊悲伤并没有经历所爱之人的肉体死亡，这种丧失不仅使我们陷入了不必要的变化，而且我们很快就会发现我们的悲伤无法像所爱之人死亡那样很容易被证实。因此，我们失去爱、失去关系、失去自我所导致的痛苦虽然让人伤心欲绝，但这种伤心欲绝却是一种模糊悲伤，难以验证。如果你体验过这种痛苦，我对你表示最深切的同情：不仅是对你所遭遇的丧失表示同情，更是对你一直以来所受到的伤害表示同情，因为我对你遭遇的一切感同身受。

我也深陷这种痛苦，这就是为什么我不顾一切，决心找到治愈伤口和帮助自己康复的方法。自此以后，我对模糊悲伤进行了深入的探索，揭示了更多的真相——不仅是关于悲伤的真相。为了找到这些真相，我必须脑洞大开，不仅要了解我自己的悲伤，还要了解世界上不同地区不同的人所遭遇的悲伤。治疗方法多种多样，从传统的西医（例如精神科医生的治疗方法）到东方医学（例如草药替代疗法以及针灸疗法）应有尽有。

为此，我把自己遭遇模糊悲伤的过程都汇编进这本书，包括丑陋、美丽、艰难和充满希望的经验。除了我的第一手经验，你也会读到其他模糊悲伤者经历的极度痛苦而又充满治愈的故事。你还将了解到大量的治疗方法，包括现代医学、古老的冥想以及用特殊植物进行治疗的偏方。在每个阶段，你都会掌握有用的工具，并有机会得到指导，通过练习提高自己的洞察力。你还会了解到在这个过程中普遍存在的一种情绪，它容易被人忽略，甚至让人意想不到——在康复的道路上，我将教你如何利用这种情绪。

我写这本书是为了提供积极的见解，帮助那些在模糊悲伤中挣扎、为失去尚在人世的挚爱而痛苦的人。虽然不同的人对书中所呈现的故事和工具有不同的感受，但我相信，如果你保持开放的态度，你会跟我一样在每个故事中发现有价值的东西。但是，需要说明的是，我并非医生，本书也无意为大家提供医学建议。我强烈建议大家与自己的心理医生坦诚交流自己的悲伤，咨询一下本书的内容是否有助于自己的康复。

为了充分利用时间，我鼓励你"打包"上路。你需要背上一个空行囊（我们一路会把它装满），保持开放的心态（或者至少乐于接受新鲜事物或观点），准备一个专用的本子记录你的发现和练习过程。记下脑海里闪现的任何想法，即便只是一些碎片化的想法。跟探险家探险一样，他们沿途写的野外日记日后会成为宝贵的线索，所以有疑问就记录下来。对我来说，这种日常练习最后变成了一份礼物，记录了我的心路历程、我的恐惧和梦想，赋予我坚定不移的决心，让我坚信这沉重、不可动摇的丧失之痛不会永远伴随我。

我希望几年前就拥有这本书——当年那些痛苦可怕的发现和揭露出来的真相深深地撕裂了我的心。我希望无论你经历何种悲伤——像我这样发现真相、离婚或结束关系、突然收到改变生活的医疗诊断、与成瘾儿童的关系破裂或者其他模糊悲伤，都能通过阅读本书燃起一丝希望。我想让你知道，尽管无法从社会层面确认你的丧失程度，但你的悲伤是真实的，你的挣扎是有效的，而且治愈是可能的。如果你愿意付出努力，如果你渴望并准备好了摆脱悲伤但不知道如何开始，那么这本书很合适你，我很荣幸能助你一臂之力。

你已经迈出第一步，下面让我们开始吧！

第一章

诱发事件、疏离与意图

你想做什么就行动吧，一旦开始行动，就一直坚持下去。

——查尔斯·司布真（Charles H. Spurgeon）

如果你失去了一位尚在人世的挚爱，你正为之感到痛苦，并想寻求帮助，那我可以告诉你：走出痛苦是有可能的。我可以理解你的想法，你并不想走这条路，你也并不想拥有这样的经历。我们正遭遇困难，但是改变关系或者破坏关系的人并不是我们。我们会为此感到委屈，因为一开始做错的并不是我们，不是我们改变了关系的状态。尽管如此，留在这里伤心欲绝、收拾残局的却是我们自己。经历悲伤的原因有很多，可能是关系的物理属性发生了改变，例如你提出离婚，或者你把亲人送进了养老院。你的悲伤是对"某事"的一种回应，在本书中，"某事"被定义为诱发事件（activating event），它是模糊悲伤过程的首要组成部分。不管这件事是什么，它触发了你的悲伤，把你带进新的现实世界，它也促使我们在这里相遇。

和我一样，你无法选择让你落到如此境地的事件发不发生，就像《绿野仙踪》里的桃乐丝，她被龙卷风刮到奥兹国也是身不由己。你可能觉得自己也落入了奥兹国，当你试图了解所处的新环境时，你感到害怕和孤独。发生的这些事情让你陷入了模糊悲伤，你虽然无法摆脱它们，但是你可以像桃乐丝一样，采取行动达到你的目标。也许这意味着你要找回原来的生活方式，或者为自己规划一种全新的生活。也许你过于迷茫或极度悲伤，无法马上梳理你的想法和需求，这很正常。但无论你想寻求安慰、释放、理解，还是寻求别的东西，你阅读本书很可能是因为你正经历一段关系的改变或消亡。有些关系最终可能会缓和，有些关系最终可能会解体。无论哪种情况，感情一旦有了裂痕就很难修复——你无法再回到原来的关系模式。这种关系的丧失比丧亲更加复杂，因为你为之难过的人尚在人世，你和他可能还有联系。正如这种丧失与丧亲并不相同，治疗方法也有所不同。理解这些差异将是你度过未来艰难日子的关键。

发现的过程

尽管最痛苦的日子已经过去，我仍记忆犹新，这很大程度上是因为我及时地对自己经历的事情进行了处理，撰写了大量笔记。无论是与值得信任的朋友交谈，还是参加个体和团体治疗，我都是一名敏锐的观察者，提出了很多问题。我如同一名正在进行考察的科学家，花了无数时间将观察过程记录下来。我采访了很多研究悲伤或在悲伤领域工作的人和临床医生，也研究了其他类型的模糊悲伤者。在此过程中，我发现了模糊悲伤的行为模式，而我自己的理解也在不断加深。很显然，对我来说，失去尚在人世的挚爱跟丧亲同样痛苦，但是我们经历悲伤的方式并不相同，前者会纠缠于某种情感期待，而丧亲的悲伤者不会遇到这样的问题。我对模糊悲伤的假设促成了我和索菲亚·考德尔的合作，我们一起进行了一项调查，发掘了无数令人心碎的故事，我们还进行了重要的数据分析，并将其用于我们共同执笔的模糊悲伤过程模型。

感谢我经历的悲伤事件，让我有机会对悲伤以及模糊悲伤过程模型进行探索。我将大量的笔记进行分类梳理，并放进本书中。我希望通过这本书，让你了解和理解模糊悲伤的定义和过程，以及掌握克服模糊悲伤的实践方法。我邀请你将这本书看成一本旅行指南，你可以通过一个通俗易懂的旅行导图，帮助自己理解每一部分的内容。本书中的每一章都会讲述一位亲历者的故事——他们像我们一样经历过模糊悲伤，介绍他们遭遇了哪些诱发事件。任何一本好的指南都少不了实用的方法和工具，因此，在这次旅行的每一站，我都提供了很多非常好用的小贴士和技巧。

模糊悲伤过程

在启程前，先让我们一起熟悉一下这张地图：模糊悲伤过程模型。模糊悲伤过程主要包含四部分内容（见下图）：首先启动模糊悲伤过程的是"诱发事件"，它使亲历者体验到丧失之痛。其次是与"情绪"共舞，此时你舞步凌乱，不知迎接你的是何种情绪。再次是"希望"登场。最后是两种希望不断胶着，胜出者决定了会出现哪种局面：一种是走上消耗殆尽的悲伤之路，一种是走上你应得的康复之路。

诱发事件

4D 事件

离婚（divorce）

揭秘（discovery）

诊断（diagnosis）

关系的消亡（death of a relationship）

悲伤的情绪状态

在库伯勒－罗丝的悲伤阶段理论中，人们会经历五种典型的情绪状态。但对于模糊悲伤，每个人经历的情绪状态各不相同：有可能遵照库伯勒－罗丝提出的悲伤阶段理论，也有可能与之不同。

希望

模糊悲伤者容易心存希望，因为失去的挚爱尚在人世。

内部希望

自我关注 ＝
康复的未来

在不同时期，两种路径有可能会相互交汇。

外部希望

关注过去和他人 ＝
复杂性悲伤的未来

我们将逐章深入探讨模糊悲伤过程模型的各个组成部分。在开始远途旅行之前，我们一般会查看旅行路线，现在也请你花点时间熟悉一下本书将要探讨的各部分内容，先对此形成一个总体概念。

诱发事件。该事件给我们带来了难受的感觉，改变了我们与尚在人世的挚爱的关系，启动了模糊悲伤过程。模糊悲伤者最常遇到的诱发事件分为四种，简称4D事件：离婚（divorce）、揭秘（discovery，即揭开了一个重要的秘密）、诊断（diagnosis，例如痴呆症、成瘾、精神疾病等）以及关系的消亡（death of a relationship，例如家庭失和）。

悲伤的情绪状态。这是一种个人的、独特的体验，它与库伯勒－罗丝提出的悲伤模型有可能相符，也有可能不相符。尽管库伯勒－罗丝的模型以丧亲的个体为基础，我们所研究的模糊悲伤者同样也会经历她所描述的悲伤阶段：否认、愤怒、讨价还价、抑郁和接纳，但这些阶段并不按照固定的顺序出现。模糊悲伤者没有按部就班地经历一个又一个阶段，这五个阶段出现的顺序和强度都难以预测，有60%的模糊悲伤者认为自己无法通过健康的方式度过悲伤。最近，与库伯勒－罗丝一起合作的悲伤研究专家大卫·凯斯勒(David Kessler)又提出了一个新的阶段"意义"，在我们的研究中也会对此进行探讨。

希望。在我们的研究中，大多数参与者都经历了一个额外的、在其他经典悲伤模型中找不到的悲伤阶段——"希望"。此外，我们发现模糊悲伤者总是在两种截然不同的希望中徘徊往复：外部希望——希望他们的挚爱会再次回来；内部希望——专注于自我以及"新常态"（new normal）的重塑。模糊悲伤者如何度过这一阶段非常关键，这决定了他们是会重获新生，还是在丧失中消耗殆尽。

复杂性悲伤（complicated grief）。这是一种有诊断标准的精神健康状态，症状是持续、泛化的悲伤反应，其特征是无法放下对故人的思念，并伴有强烈的痛苦情绪。在 2020 年出版的第 5 版《精神障碍诊断与统计手册》（DSM–5）中，"复杂性悲伤"一词被更新为"持续性哀伤障碍"（prolonged grief disorder）。要诊断为持续性哀伤障碍，除了要伴有强烈的痛苦情绪，还需要具备以下 8 种症状中的其中 3 种：怀疑、强烈的情感痛苦、自我认同混乱、回避提及诱发事件、麻木、孤独、无意义感以及难以保持正常生活。

康复。模糊悲伤者可以管理他们的悲伤并恢复正常状态，不再将关注点放在丧失上。他们可以通过每天练习自我关注，以现在和未来为导向，不再把精力放在已经结束的关系上，通过创造空间将生活往前推进。最终，他们可以对自己的悲伤形成正确的理解，不会因此作茧自缚。

现在开始练习吧。

练习 1：登记你的旅程

看完模糊悲伤过程模型后，请花点时间对以下内容进行反馈并记录：

现在我已经了解旅行内容，我的感觉是：＿＿＿＿＿＿。

在这种感觉背后，我的想法是：＿＿＿＿＿＿＿＿。

我最期待探索的一站是：＿＿＿＿＿＿＿＿＿＿。

原因是：＿＿＿＿＿＿＿＿＿＿＿＿＿＿＿＿＿＿＿。

我最害怕探索的一站是：＿＿＿＿＿＿＿＿＿＿＿。

原因是：＿＿＿＿＿＿＿＿＿＿＿＿＿＿＿。

为我们的旅程做准备

在我们搞明白模糊悲伤与丧亲带来的悲伤为什么有所不同之前，弄清楚几个关键点非常重要：我们在为谁悲伤？是什么促使我们来到这里？整理你的悲伤有可能比你所经历的任何丧失都要难受。牛顿的第三运动定律认为，自然界中的每个作用力都会产生一个大小相等、方向相反的反作用力，爱同样也会带来大小相等、方向相反的反作用力，那就是"悲伤"。换言之，爱有多深，悲伤就有多深。这很好验证，试想一下我们对快递员或者咖啡师的爱深不深？肯定不如我们对父母、伴侣或者子女的爱强烈。当我们的快递员或者咖啡师离职时，我们所体验到的痛苦情绪大概率不会很强烈。但是，当我们父母的认知能力下降，以至于他们忘了我们，或者我们的伴侣染上毒瘾时，我们就会感到非常痛苦。

因此，你陷入深深的悲伤是因为你爱得深，你要为此感到骄傲。当你深深地爱着另一个人时，你没有浪费任何东西。当你经历丧失，悲伤是一种意料之中的正常且健康的反应。现代心理学之父弗洛伊德在100多年前就认为哀悼是一个正常但痛苦的过程。我亲身体验悲伤之后才明白了这一点，并放下了"修复"悲伤的念头。这样做让我认识到，悲伤并不是一种需要治愈的状况；相反，它是一种值得尊重的人类现象。回想你的生活经验，你可能经历过多次模糊悲伤。你所经历的丧失和悲伤可能发生在多年以前，也可能发生在这一周，但如果悲伤是我们必须为爱付出的代价，我们就需要对此进行复盘，看看我们到底失去了谁、失去了什么。诚实地面对这一切需要莫大的勇气，我相信你能做到。

练习 2：聚焦你的悲伤

为了聚焦你的悲伤，首先，请你圈出让你体验模糊悲伤的人——你因故失去了和这个人的关系，但这个人并没有离开人世。接着，如果你不止一次地体验过模糊悲伤，那么，是谁促使你拿起了这本书？请在这个人的旁边画上一颗星。在阅读本书的整个过程中，当我们进行练习时，请在想象中把特定的丧失经历与特定的人联系起来。你也可以换成其他人在脑海里重复一遍练习，但是一定要注意，每次练习只能集中注意力想象一个人。

姨母	未婚妻	重要他人
兄弟	祖父母	孙子
表兄弟	亲家	叔叔
女儿	母亲	侄子
父亲	姐妹	侄女
朋友	儿子	伴侣 / 配偶

这里面有带给你模糊悲伤的那个人吗？如果没有，请将这个人添加进去。在我们练习的整个过程中，请务必牢记这个人。

你到底为何而来？

就像你把这本书视为治愈悲伤的指南一样，请你将诱发事件视为把你带到这里的交通工具。无论这一事件是像火箭一样将你发射出去，还是像清风一样将你温柔送达，你的护照都已经被盖上戳儿了。且不管你是如何到达这里的，先让我们记录下你的诱发事件来纪念你的这段经历。这是很重要的一步，因为如果我们自己都无法承认这段经历，那就很难得到疗愈。如果我们想感觉更好，并愿意学习以健康的方式来哀悼我们的丧失，那我们必须接受现实——无论这多么痛苦。尽管我们不想面对现实甚至会忽视真相，但这对我们没有任何好处。对我来说，将悲伤事件最小化带来的痛苦可能会少一些（"我发现了外遇"）；或者掩盖真相，假装事情从来没有发生（"什么外遇？"）可以暂时避免痛苦。但是，对事实进行任何歪曲都会阻碍治疗工作。歪曲事实还会造成心理学家所说的认知失调，这是同时面对两种截然不同的事实所造成的焦虑状态。我们的勇气足以让我们面对真相，所以让我们从一开始就坦诚地接受现实。这是最好的起点，它可以保护我们，使我们不至于在认知失调中耗费精力。

识别你的诱发事件

我们已经在前面简单地介绍过，把我们从爱带到悲伤、启动模糊悲伤过程的是一个诱发事件。这是一次全新的体验，我们和所爱之人的关系受到了影响，他还活着，但是我们之间的关系已经改变或者结束了。

这可能是单一的创伤性事件，例如，我发现丈夫的惊人秘密，桃乐丝被大风卷走导致脑部受伤等；也可能是一系列事件堆积起来产生的连锁反应，致使我们被最后一根稻草压垮，例如，亲人被正式诊断为阿尔茨海默病，或者爱人被洗脑加入邪教或非法组织。无论诱发悲伤的是你长期以来一直担忧的事件，还是突如其来的意外事件，它都会在很大程度上改变你的生活。下面列举了一些诱发事件。当想到让你悲伤的人时，明确一下你的诱发事件是什么。记住，这些都是关乎你的重要生活事件。

练习3：识别你的诱发事件

请想象之前你圈出来的那个人，圈出导致你们的关系发生变化的诱发事件，如果你的诱发事件不止一个，也请一并圈出来。

意外事故	性别认同
成瘾	变故
阿尔茨海默病	入狱
脑损伤	被洗脑（邪教、帮派、宗教等）
解除婚约	智力减退
失业	患病
离婚	心理健康危机
揭露真相	被遗弃
发现秘密	退休
家庭失和	身份认同改变（例如空巢）

你遇到的诱发事件是否也在其中？如果没有，请自行添加。

如果可以，请停下来为自己说几句好话鼓励一下自己，或者为自己倒上一杯清凉的水犒劳一下自己，然后再继续。你刚刚完成了一项艰巨的任务，承认自己失去了一段重要的关系，承认遇到了让自己深陷悲伤的人和事。尽管你并没有遭遇挚爱的离世，但你同样很难受，请用一些小方法帮助自己缓解痛苦。

练习4：写下你的真心话

请在你的记录本上写下一句话，真实地描述让你悲伤的人和事：

因为_____，我失去了_____，我为此感到悲痛。

悼念逝者与悼念生者的区别

只要在世上生存的时间足够久，我们总会经历几次丧失：丧亲或者失去尚在人世的挚爱。无论是哪种情况，如果丧失是意料之外或者突如其来的，那么悲伤就会加剧。同样，结束关系的方式和原因也会影响我们的反应和之后的生活方式。然而，最根本的区别在于死亡对我们来说不是一个新概念。物种进化已经使我们了解死亡是生活的一部分，我们也知道当肉体即将消亡时我们有一些事情要"做"。但是，面对没有肉体消亡的丧失，我们的处理方法还不够成熟，主要是因为这种类型的丧失很少被人们承认，更不要说处理了，因此我们没有什么可以"做"的。

这并不代表我认为面对挚爱的离世是件容易的事情——绝非如此，但是，面对逝者的悲伤和面对生者的模糊悲伤并不一样，对两者进行区分非常重要。如果你经历过这两种悲伤，你会察觉到微妙的不同。让我们近距离看看，应该如何处理这两种不同的悲伤。

死亡引发的悲伤

人终有一死，你肯定不是第一次听到这句话。在此之前，已经有数十亿人来世上走了一遭，然后又从世上离开了。我们的社会其实并不擅长哀悼，但我们清楚地知道哀悼是死亡的一部分，因此，我们有一些约定俗成的常见的方式来面对死亡，例如，家庭和朋友会为逝者举行葬礼，表达由衷的缅怀和深切的哀悼；作为死亡的终结，我们会让逝者入土为安，或者将逝者的骨灰撒到大海山川。尽管对于逝者而言，死亡或许是一种解脱，但对于亲朋好友而言，处理死亡的整个过程仍是高度消耗精力和情绪的事情。

对于哀悼者或者围观的人而言，死亡和悲伤都是令人不适的。面对这种不适，我们无意中成了表演者，在悲痛欲绝的人旁边小心翼翼地走动，谨小慎微地不提及逝者——万一不小心提及逝者的名字就大惊失色，在提和不提之间左右为难。因此，我们在对话中支支吾吾，就像没有好好研究剧本的蹩脚演员。因为不知道如何说话，我们借用一些常用的客套话，或者从商店买来慰问卡作为我们的挡箭牌。有时，因为我们不知道什么该说什么不该说，以至于我们什么都不做，或者只在可接受的范围内做最少的事情，例如只用意念表达我们的哀悼。我们就像在走钢丝，不断地平衡着什么该做什么该说，以及什么不该说什么不该做。也许我们会参加守灵，为逝者赠送花圈，或者参与捐赠。我们努力想做些什么，但是这整个过程仍然令人感到不适。我们不希望自己获得这种情绪或者体验，貌似悲伤是一种传染病，我们避之唯恐不及。因此，为了避免被"感染"，我们用各种借口给自己打疫苗，或者远离已经被"感染"的人，借此完美地避开悲伤。

这些互动表明，当我们遭遇悲伤时，我们通常是糟糕的表演者，我们甚至没有意识到这一点。这并不是因为我们人品很差，而是因为我们不知道该说什么该做什么——没有人教过我们如何通过健康的方式处理我们的悲伤，家庭或者社会也没有现成的蓝本给我们效仿。请记住，死亡会不可避免地带来丧失体验和悲伤情绪，这是人类必须面对的状况！因此，整体而言，我们处理死亡带来的悲伤都如此糟糕，你觉得我们能处理好模糊悲伤吗？你觉得当诱发事件发生的时候，我们会为模糊悲伤者送上一张慰问卡吗？

诱发事件引发的悲伤

模糊(ambiguous)：缺乏清晰度或明确性；晦涩难懂或不明确；具有可疑或不确定的性质；难以理解、区分或分类。

模糊悲伤 (ambiguous grief)：个体因为失去尚在人世的挚爱、关系改变或结束所体验到的感觉。

在2017年，当我第一次试图解释我的悲伤不太一样时，我想到了"模糊丧失"这个词，该词由保罗·博斯在 1999 年首次提出。她所研究的个体经历了挚爱的死亡，但死亡本身并不明朗。也就是说，由于环境因素，死亡并没有得到最后确认（例如，战士在行动中失踪、所爱被绑架或遇到了自然灾害等）这样的未知带来了别样的悲伤，人们在守灵，也在等待消息，希望明天会传来挚爱生还的喜讯。在我的故事中，没有人死亡，我意识到我的丧失是明确的，但是悲伤却是模糊的。一开始我毫无头绪，受到保罗·博斯博士研究模糊丧失的启发，我开始密切关注自己的悲伤，看看有没有遗漏什么信息。如果我可以找到遗漏的信息，我相信就能找到摆脱痛苦的方法。在接下来的章节中，我们会深入探讨一系列比我预想的更困难的原因——我认为主要是社会没有形成健康的哀伤文化。

在现代社会，我们通过葬礼等活动来抚慰死亡带来的悲痛。对于模糊丧失，我们会继续等待，点着蜡烛守灵，努力减轻我们的悲痛。但是，如果既没有死亡也没有相聚守灵的机会，我们又该怎么做？与丧亲和模糊丧失所遭遇的痛苦不同，模糊悲伤者所遭遇的一切更不明确，得到的支持也更少。我并不是寡妇，但我同样失去了爱人。在那个可怕的星期二上午，我的丈夫在我心里已经死去。同样，我和丈夫之间的关系也因为诱发事件而结束。在我的婚姻死亡证书上，写着我这段婚姻的死亡原因——"因发现真相而死亡"。

那么，我们可以做些什么来替代常见的悼念方式？没有老朋友的公开悼词，没有堂兄弟扶棺。我没有穿上一袭黑衣，接受亲朋好友的拥抱和慰问。我没有以丈夫的名义设立奖学金以示纪念，也没有向孩子们讲述他的生前趣事或者我和他的故事。相反，我不知道该不该对孩子们或者其他人说出真相。在这段时间里，不仅没有举行葬礼等常规的社会仪式，我还很快意识到，在我这种情况（以及其他诱发事件中），一些可怕的细节会带出强烈的羞耻感和尴尬。整个事件中，除了告诉艾米和一位可靠的朋友，我羞于向其他人透露任何信息。我假装生病，或者给自己安排满满的行程，以掩盖我陷入困境的事实。

值得庆幸的是，那位也叫斯蒂芬妮的朋友，每天都与我会面，给我温暖，无条件地共情我，足足坚持了 8 个星期，这最终帮助我从尴尬的孤岛中走了出来。她点醒了我：我对自己的婚姻足够忠诚，所以不应该由我来承担任何耻辱和尴尬。实际上，我被深深地伤害了，正在寻求摆脱痛苦的方法，所以不用在意别人的评判。事情发生 2 个月后，我终于拿起电话，将这件事告知我的家人和朋友。如何面对和处理，决定权在我们自己手上。但是对我而言，接受我的丧失和悲伤与丧亲不同，促使我开始思考很多问题。首先，我开始思考我自己的行为：如果我的丈夫确实离世了，我相信我不会在 2 个月后才通知我的家人和朋友。

又过了几个月，我越来越想知道为何我的悲伤如此不同。1 年后，随着我深入调研以及对其他模糊悲伤者进行访谈，答案呼之欲出。通过对数据的挖掘，以及对访谈进行细节分析，我有两项重大发现。我多么希望在诱发事件发生后，我可以立即拥有这两大宝藏，这样我也许就能逃过一劫。亲爱的读者，我多么希望你也能早日发现这两大宝藏：

- 你所经历的事情有正式的名称——模糊悲伤。
- 不只你一个人陷入这种痛苦。

我们的护身符

在诱发事件发生后，经历那么多令人难受的情绪和心理变化，对亲历者而言并非易事。对某些人而言，事件已经带来创伤，需要有经验的专业人士提供特定的支持（第三章有更详细的介绍）。对另外一些人而言，事件虽然没有带来严重的创伤，但是他们仍然感到痛苦和迷茫。无论哪种情况，你都已经对诱发事件进行了识别和命名，发现了悲伤的独特之处。在继续旅程之前，你还需要完成一项额外的任务：就像桃乐丝拥有一双宝石鞋子那样，你也需要为自己创造一个护身符。这个护身符会为你扫除前进道路上的一切障碍。它必须随手可得，当你需要的时候就可以派上用场，带给你充分而细致的保护。但是，你需要把它牢记在心，而不是穿在脚上，这样它才能一直为你引路：它就是自我意图（intention）的创造和实践。

找到你的意图

它并不是从非主流文化中诞生的神秘话语。几千年来，哲学家和精神领袖都喜欢宣扬意图的重要性。它曾在宗教文本中出现，在古代的讲学中被引用。在希伯来语中，人们用"kavanah"一词来定义意图，意为"内心真实的方向"。意图也可以是达成内心期望的特定行为，它是使我们行动起来的目标或者态度。因此，在决定如何实现目标之前，首先你要明确你打算如何行动。意图不是一种空想，它是有目的地形成想法，对外宣告想法，最后将想法付诸行动。我明白，说比做容易，但这是可行的——设定并实现意图是非常有力量的行为。既然有目的地宣告和实践你的意图充满力量，反过来想想，没有意图的生活将会是怎样的？当做出选择时，我们容易受到他人想法、行为和意图的影响。

在我想到要寻求帮助之前，我获得的第一件武器就是我的意图。我做了一个决定：我要保有我的正直，在离婚过程中我要对自己和家人好点。我要唤起我的爱意而不是愤怒，我要像过往一样保持忠诚。没想到，在我试图处理诱发事件时，我无意中发现了它带给我的力量。我的意图源自我的高级自我，我称之为"内在自我"。无论什么时候，它都会对我轻声抚慰，用我不知道的词对我进行肯定。我最喜欢的一句话是："我知道我是谁。"我的外表、我拥有的东西和我的成就塑造了"我"，因此，在遭遇背叛乃至世界被颠覆后，我有理由为此感到愤怒。当然，我不想泥足深陷，也不想变得愤世嫉俗或者充满报复性。随便打开一个视频平台，你都会看到这样的故事：一个女人陷入最糟糕的自我，搞得一地鸡毛，被人看不起。这不是我进入婚姻时的样子，我也不想以此结束我的婚姻。我的"内在自我"让我确定意图，坚定信念，相信这次令人痛苦的背叛不会把我最美好的部分夺走，也不会让我变得更糟。这并不是说我做得很好，有时候我并没有展现最佳的自我，因为我也会口出怒言，陷入怀疑，沉溺于担忧。但是，感谢我的意图，以上行为只是偶尔为之，并非常态。

根据你所面对的关系和你的诱发事件，你的意图可能会比我的更加具体，当然也可能更加抽象。例如，对于伴侣遭遇认知减退的妻子而言，她的意图可能是：无论环境如何让人沮丧，都要练习保持耐心。对于成年后逐渐与父亲疏远的女儿，她的行为可能由两种完全不同的意图决定：一种情况下，她的意图可能是要给父亲一个教训；另一种情况下，她的意图可能是要与父亲建立牢固的边界。注意它们的区别：前者具有惩罚性，带有"我要给他点颜色瞧瞧"的报复意味；后者则根植于自我，有着自我照顾的态度，即"我要为自己做这件事"。无论是哪种情况，女儿都坚持拒绝与父亲联系，并归还了父亲送她的礼物。对于父亲而言，这些行为看起来是一样的，但是女儿设定的意图却决定了行为的出发点不同。

这些案例能否引起你的共鸣并不重要，因为你的意图和你遭遇的丧失一样都是很个性化的。无论你遇到什么情况，意图都可以成为你的工具。我的意图就是我的指南针，指引我穿越自己从未踏足的领域。正如其他过于自信的旅行者，我也曾试图在没有意图的情况下前行，结果却迷失方向，变得垂头丧气。最后在意图的协助下，我才重新找到方向，返回正确的路线。

练习5：设定你的意图

当你开始思考自己的意图时，请拿出你的记录本，完成以下句子：

我失去了 _____，我为此感到悲痛，我感觉 _____ 以及 _____。当我假装 _____ 以及 _____ 时，我感觉很不好受。

当我做出 _____ 以及 _____ 时，我感觉此刻我是最好的自己。

当你明确以上内容后，请用一个完整的句子表达你的意图：为了度过模糊悲伤这一艰难的人生阶段，我的意图是 _____。

对于我来说，我的意图可以总结为一句话："我知道我是谁。"我经常念叨这句话以强化我的意图。我甚至将它装裱好挂在墙上，这样我每天都可以看到它。你的意图可以浓缩成哪句话？如果你不知道如何表达自己的意图，请不断重复你的意图，在结尾处加上"因为……"，看看当你完成这句话时会想到什么。

例如：我的意图是保持正直，对自己和他人充满同情心，唤起爱意而不是愤怒，坚定地保持真我……因为……这就是我，"我知道我是谁"。

注意，有些意图以爱为基础，例如当亲人罹患阿尔茨海默病时；有些意图出于恐惧，例如那位与父亲疏离的女儿。最关键的是要设立一个围绕你自身且你能够控制的意图——以他人为中心的意图就如同失灵的指南针。当你考虑设定自己的意图时，一定要反复问自己："这是根植于爱的意图吗？还是出于其他目的？"不断修正你的意图，直到你的答案是爱。

被女儿疏远的父亲

约翰就是前面提到的那位父亲，女儿对他产生了隔阂。他可能永远也不知道女儿为何退还自己的礼物，不明白她的意图所在。但是，当他向我倾诉时，很明显他明白一个重要的道理：维持一段关系需要双方都愿意分享彼此的心声。尽管他非常渴望拥有健康的父女关系，但他单方面的行为、想法、情感和意图并不能使他如愿。我和约翰讨论了女儿对他的疏远：在他女儿 19 岁生日之后，有一天他下班回到家里，惊奇地发现一周前寄给女儿的生日包裹被退回了。他非常疑惑地发现上面写着"退回寄件人"，正是他女儿的字迹。他给女儿打电话和发短信，想弄清楚发生了什么，但是女儿没有接听电话，也没有回复短信。

"到了第二天，我开始担心了，"他说，"我住在离女儿 4 个小时车程的地方，但是我决定亲自去看看她。在准备离开之前，我突然想起打开包裹看看。这时我发现里面有一封她写的信。她在信里列举了我的种种恶行，控诉我和她妈妈离婚之后如何让她失望透顶，认为我可以做得更好，因为她是我唯一的女儿。她用各种方式表达：她要结束我们之间的关系，不想和我有任何关系。"

约翰告诉我："当然，作为一名父亲我做错了，但是我不认为自己应该得到这么极端的惩罚，你明白吗？我有点摸不着头脑，1 个月前我们还一起度过了愉快的 2 周！但是，我又能怎样呢？她已经成年了，我不能强迫她来看望我、和我聊天、爱我。"

自从女儿开始和他疏远，已经过去 5 年了，但是当我们谈话时，我依然能明显地感受到他的悲伤。他说，在第一年他做了更多的尝试，他试图联系女儿，给她打了很多电话、发邮件，还有送贺卡和礼物。但是，他邮寄的任何东西都会原封不动地被退回。"我仔细检查了每一个包裹，试图找到她写的信。在那一刻，即使是一封充满愤怒的信件也比她一声不吭好。"

约翰感到不知所措和非常尴尬，他没有向朋友透露他的悲伤，当家人提到女儿的名字时他也假装若无其事。最终，他不得不寻求心理治疗师帮助他找回控制的力量。"在心理治疗师的帮助下，我开始明白，我对女儿所做的事情给我带来更多痛苦，甚至在无意中使我们的关系变得更糟。我花费大量时间试图改善我和女儿的关系，这对我的整个生活、工作、婚姻和朋友都造成了极大的影响。我无法想象，我们的关系如此疏离，我又怎么会不悲伤呢？"他说，"但是现在我明白了，关系是不能强迫的，就算是我们以为永远不会中断的关系——那些有着血脉亲情的关系也是如此。最终，我不得不把精力放回我自己身上，让自己在没有她的情况痊愈，甚至苗壮成长。"

约翰的故事说明了一个值得关注的点：并不是说他被"治愈"了，不再经历悲伤，也不是说他不再想念自己的女儿，而是他已经找到与悲伤共处的方法，将关注点转移到自己身上，而不再放在女儿身上。当他试图将宝贵的精力放在一段并不存在的关系上时，他想起进行心理治疗时学到的东西。"在我最后一封信中，"他分享道，"我告诉她，我爱她。如果她想再次见到我，我会张开双臂欢迎她。在此之前，我会尊重她的意愿，不再联系她。对我来说，说出这样的话非常艰难，后面真正做到这一点更难——我不希望她觉得我已经放弃，因为我并不想放弃，这也不是我停止联系她的真正原因。她最近大学毕业了，那一整周我都感觉非常空虚，因此我特意拿出一些时间对自己好一些，对身边的人好一些。我的小女孩迎来了生命中如此重要的里程碑事件，而我却不在她身边，这太不真实了。我不知道以后她还会迎来什么样的里程碑事件，我是否会出席，但我决定不再为此感到忧虑。无论她是否选择与我重新见面，这都改变不了我爱她、每天都为她祈祷的事实——她将永远活在我心中。"

约翰设定了一个意图：远远地爱着她，不额外提出见面或谈话的要求，选择在没有她的情况下，将时间和精力花在爱自己上面。

练习 6：第一站小结

在我们进入下一站之前，让我们确保第一站我们已经完全通关了。拿出你的记录本完成以下句子：

我为失去 _____ 而感到悲痛。

我的诱发事件是：_____。

我激励自己的口头禅是：_____。

我的意图是：_____。

将这些装进你想象的背包中，当我们继续前行时会经常用到它们。我们即将开启旅程的第二站：悲伤的情绪状态。

请记住，你在每一站停留的时间并没有限制，因此请按照你自己的节奏来就行——当你感觉需要反思、消化或休息的时候，可以停下来；而当你准备好的时候，可以带着你的意图继续前行。

第二章

悲伤的情绪状态、认知减退与观内心

我们早早失去了她。她尚在人世，但我们已经失去了她，这确实令人费解。

——贝丝·斯旺森（Beth Swanson）

我给她铺了床，换上新的床单和被罩，再加上一个绿色的枕头以增加色彩的跳跃感。我在浴室里放上牙刷架、洗衣篮和垃圾篓。我在整个房间的架子上和墙上挂满家人和朋友的照片，我很喜欢这些照片带来的美好回忆，希望这些照片也可以帮助她忆起往事。一切已经就绪，我们已经准备好，为她开启人生旅程的下一篇章。当我帮女儿住进她的第一间大学宿舍时，我总是想象着和她一起生活在这样的场景中。当我们布置房间时，快乐、焦虑、伤心和自豪萦绕心头。但最终，我们会为她开启人生的新篇章而欢庆，为她未来的生活而感到兴奋。

但实际上，我女儿还没读大学，她才刚刚开始读高中。我布置的房间是为我的母亲准备的。在罹患阿尔茨海默病整整10年后，深爱她的丈夫和家人已经无法为她提供她所需要的护理。我母亲已经77岁，马上要被送到我家附近的一家记忆护理中心。精心布置房间，可以让我有时间反思，澄清很多想法和感受，回顾生活失序带来的痛苦。

——贝丝的日记，2018 年 7 月 31 日

诱发事件：认知减退

创伤性脑损伤、痴呆症、阿尔茨海默病和其他类型的认知减退都会成为模糊悲伤的诱发事件。很多像贝丝·斯旺森一样的人的至亲出现了认知减退，因为和病人的关系十分紧密，因而像贝丝这样的照顾者的日子过得特别艰难。前文我们提到的诱发事件有离婚、家庭失和等，在这些事件中，模糊悲伤者与失去的挚爱之间的互动很少，甚至完全没有联系。与此不同，如果至亲罹患脑部退行性疾病或者出现认知减退，模糊悲伤者在痛失至亲的同时往往还要充当一线护理人员。这种深度卷入意味着要经常接触病人，同时也要面对很多令人心痛的时刻。当至亲在我们面前不断改变，我们和至亲的关系也随之改变。无论是孩子承担起照顾父母的新角色，还是妻子或丈夫像满足孩子一样满足伴侣的需求，这样的转变意味着他们不得不形成一种令人难以接受的新的关系动力。可以理解的是，这些担任照顾者角色的家庭成员经常产生心理冲突，内心五味杂陈。比如说，他们既爱又恨，背负着强烈的责任感和内疚感。

很多像贝丝一样的人，既要忙事业又要兼顾家庭，以至于他们几乎没有多少时间关爱自己，处理新出现的大量情绪。贝丝在回顾 10 年来照顾确诊阿尔茨海默病的母亲的情况时写道：

> 我承认，在我抚养孩子的过程中，母亲无法成为我的依靠。她无法像我期待的那样回答我的疑问，例如"孩子烧到多少度我才需要进行处理"。随着病情的发展，她似乎只记得并且只关注一些负面信息。于是，我很快就学会了报喜不报忧：孩子们、

工作和家庭"都很好"。这会让她精神振奋，也会让我们的谈话变得很愉快，但这并不是我所期待或渴望的关系。我希望母亲也可以成为我的朋友，希望我的孩子们能像我一样理解她。但随着母亲病情的迅速恶化，很明显他们做不到。

我的父亲也很沮丧。他希望能跟朋友们分享一些令人振奋的事情，例如"她正从手术中恢复"，这样人们就可以搭把手，给她送饭，问一下治疗进展。我们都想看到隧道尽头的光，希望找到新的治疗方法或者有效的药物，但是没有能够根治阿尔茨海默病的特效药物，目前甚至很少有药物可以减缓病情的恶化。

最关键的是，阿尔茨海默病是一座孤岛，不仅病人因此被隔离了，配偶、照料者以及家庭成员也因此被隔离了。人们不知道如何是好，不知道如何做出反应，或者如何提供帮助。我和父亲毫无心理准备——原来应对这种疾病，我们需要花费这么多时间和精力。

照料者的悲伤

美国有 600 万人罹患阿尔茨海默病，像贝丝这类照料者急需帮助。从贝丝和处于这种情况的其他人身上可以看到，因为挚爱认知减退而感到难过悲伤的人，要比别的模糊悲伤者需要更多额外的支持。照料者和病人之间的关系动力很复杂，加上照料者需要持续关注病人的需求而忽略了自己的需求，往往导致模糊悲伤者或照料者的自我需求得不到满足。阿尔茨海默病协会（the Alzheimer´s Association）在 2019 年发布的一项研究指出：60% 的照料者声称自己体验到较高或极高的情绪压力，将近40% 的照料者声称自己因此出现了身体症状，44% 的照料者声称自己出现了焦虑症状，40% 的照料者声称自己有抑郁症状（相比之下，只有17% 的非照料者出现抑郁症状）。

　　无疑，照顾病人极大地影响了照料者的生活质量。作为照料者，像贝丝这样写作，看起来很难有时间兼顾。但是，对于模糊悲伤者而言，写作是一位珍贵的朋友，它能给我们带来新的想法，提升我们对事物的理解。虽然写作也会给人带来压力，但当我们遇到困难时，它可以帮助我们梳理情绪。尤其在我们将写作当成治疗的工具时，其作用更加明显。詹姆斯·佩尼贝克（James Pennebaker）博士是一位心理学家，他是最早研究写作治疗效果的人之一，提出了"表达性写作"（expressive writing）的概念。研究发现，如果悲伤者每天花15～20分钟就同一主题进行自由写作（不进行编辑），只为自己而写，不跟别人分享，这样坚持4天后他们的情绪会有所改善。写作的过程可以帮助我们识别和接纳情绪，联结和处理我们之前从未发现的内容。写作不仅可以帮助我们实时地处理悲伤，也方便我们后面进行深入的探索，将所思所想整理编辑成我们愿意跟别人分享的内容。不管最后我们是否会分享自己所写的内容，写作的过程都可以将细节捕捉下来，对特殊的时刻进行定格，给我们自己以及将来可能阅读我们文字的人带来安慰。就像贝丝一样，她在母亲住进护理机构前夕写道：

今晚是我和母亲一起住的最后一个晚上，明天她就要搬进新家了。我们和父母共进晚餐，一起度过了一段美好的时光，接着我照顾母亲上床休息。像往常一样，她到了晚上会感觉非常疲惫，躺在床上时会感到很焦虑，于是会努力从忙碌的一天中平静下来。我握住她的手，告诉她我爱她，让她明白我是来帮她的。她轻声说道："谢谢你来帮我。"我答道："这有什么？您帮了我一辈子，在我成长过程中，您总是无微不至地照顾我。"她笑得很开心，问道："真的吗？"我笑着说："是的。现在轮到我照顾您了。"当闭上眼睛准备睡觉时，她轻声回应："这让我感觉很好。"我回应道："我也是。"

情绪是如何产生的？

在阅读贝丝和她母亲的故事时，你可能会有一些情绪波动和想法。你的情绪被扰乱，也许是因为你也有一位亲人出现了认知减退，所以你和贝丝产生了共鸣。或者，你脑海里浮现了家里老年人的形象，贝丝的故事引发了你对未来的担忧。或者，这一切都没有引起你的共鸣，你并没有被触动。无论你如何反应，重要的是能够识别你的反应是什么。当你阅读贝丝的故事、其他人的故事以及你自己的故事时，能够理解自己如何反应以及为何如此反应，是你悲伤之旅中重要的一环。当你到达第二站，准备在高高低低、起起伏伏的山脉中穿行，体验悲伤的不同阶段时，学会承认并命名你的情绪将是关键。你需要额外花一些力气，才能具备理解这些情绪的能力，这样你才能得心应手地应对前面的弯路和障碍。

掌控情绪的是谁？

想象一下这样的画面：你手握着方向盘以正常的速度行驶。你正专注于前方的道路，享受着驾驶的乐趣。突然，不知从哪里冒出一辆超速的车，挡住了你的去路，你不得不猛打方向盘。当你踩刹车的时候，你看到他们没有打转向灯就向右拐去，差点撞到一位行人。我们大多数人都会骂那位司机，但我们为什么会这样反应？可能是因为恐惧，因为我们清楚地知道如此急促、鲁莽的驾驶很可能导致事故和带来伤亡。我们是如何知道这一点，并下意识地通过按喇叭、竖中指和骂人来做出反应的？我们的本能反应很大程度上取决于大脑如何被过去的经验影响，而不是理智地根据当下的事实做出决策。我们通常是下意识地进行反应，没有经过深思熟虑。但如果那位司机或者你的至亲只是在测试你，你可以改变你的反应方式，你会怎么做？对于模糊悲伤者而言，弄明白自己会做何反应以及为何如此反应非常重要。如果我们真心想要治愈自己，为我们自己的健康和幸福着想，我们必须接纳我们的情绪、情感，加强自己识别、理解和接纳情绪的能力，当情绪成为我们的拦路虎时，学会与其和平共处。

情绪方程式

当人类开始思考的时候，便开始记录各种思想。其中一个不断被提及的主题就是人类的情绪，早在公元前 4 世纪就有人对此进行讨论。亚里士多德在大家所熟知的《修辞学》一书中，向古希腊人民传递了自己的思想，包括对情绪的理解。自此之后，人们对情绪的探索从未停止。近几个世纪里，很多人都对此做出了贡献，包括著名的生物学家达尔文、精神病学家弗洛伊德、心理学家罗伯特·普拉奇克（Robert Plutchik）、神经科学家丽莎·费德曼·巴瑞特（Lisa Feldman Barrett）以及研究者兼作家布琳·布朗（Brené Brown）。他们对情绪的观点各不相同（有些人认为情绪与生俱来，有些人认为情绪是对外界环境的反应），提出的情绪种类也有所不同，例如亚里士多德列出了14种情绪；普拉奇克列出了9种，布朗列出了87种。保罗·埃克曼（Paul Eckman）认为，在不同年龄和文化的人群中，普遍存在的基本情绪只有7种：愤怒、厌恶、快乐、恐惧、悲伤、惊讶和轻蔑。如果你在谷歌上进行搜索，你会发现情绪居然多达34000种！情绪的种类如此之多，不仅是因为情绪和情感既有区别也有联系，两者很容易混淆，还因为大量专业领域都参与进来对情绪产生的原因进行探究。我的治疗师艾米是这样帮助我理解情绪的：情绪是我们对所经历事件的生理反应，而情感是一种有思想的情绪。例如，你对惊讶这种情绪的感受取决于你对它的认知：当你与亲爱的老朋友偶遇，你会感觉惊讶，这种惊讶是带有喜悦的惊讶；当你突然在家里发现一位陌生人，你也会感觉惊讶，但这种惊讶是带有害怕的惊讶。惊讶是情绪，但是基于以往的经验，对同样的情绪，我们会有不同的思考和认知，从而产生不同的情感：在上面的例子中，我们产生了喜悦或害怕。但具体如何理解情绪，取决于你向哪种类型的学者学习，是神学家、社会学家还是哲学家，因为他们对情绪的定义和解释可能会大相径庭。

为了不忘记我们此行的目的，以及本着简单化的原则，我会在书中交替使用"情感"和"情绪"两个词，如遇特殊情况会另外说明。比起分析情绪和情感的区别，更重要的是当它们出现时能准确地进行识别。为了帮助你做到这一点，我推荐布朗和普拉奇克的作品，我从他们的书里获益良多。布朗在《心之图：用语言绘制情绪网络》（*Atlas of the Heart: Mapping Meaningful Connection and the Language of Human Experience*）中对 87 种情绪进行了综述，强调了语言的重要性，认为语言可以帮助人们识别和表达情绪。普拉奇克的《情绪之轮》（*Wheel of Emotions*）同样很有帮助，他以色轮为基础，通过视觉表达的方式将自己的发现概念化。普拉奇克认为一共有 9 种情绪，即在 7 种基本情绪的基础上，再加上期待和信任。他认为这 9 种基本情绪经过组合，可以产生所有情绪。换言之，可以把这些基本情绪看成三原色，三原色可以混合出所有颜色，基本情绪也可以进行组合产生新的情绪。例如，深浅不一的紫色是由不同比例的红色和蓝色混合而成，我们的情绪也可以这样组合。情绪的强烈程度如何，取决于我们对既定情形如何反应。

巴瑞特是《情绪跟你以为的不一样：科学证据揭露喜怒哀乐如何生成》（*How Emotions Are Made: The Secret Life of the Brain*）一书的作者，他认为情绪不是简单地根植于我们的大脑，而是被创造出来的。我们的大脑里有一个核心系统，处理着各种各样的概念清单。这些概念指导着我们的行为，并使之产生意义。换言之，情绪并不是平白无故地直接出现在我们身上的，而是我们自己创造的。如果我们想要提高自己处理悲伤的能力，以及帮助其他人有效地处理悲伤，懂得这个原理很有帮助。

改变你的认知和感受

要即时洞悉我们在想什么是很难的。我们在不断进化，主要归功于我们具备评估情形并快速进行决策的能力。大部分时候，战斗或逃跑的反应机制能帮我们很好地解决问题，尤其当我们的安全受到威胁的时候。尽管我们现在已经不用面对远古祖先所面对的危险，但是这种本能反应却已经深深地刻印在我们的意识中，很容易被激活甚至火力全开。当我们遇到鲁莽驾驶的司机，或者在社交媒体上读到一则侮辱性的评论，我们的反应机制会立即发挥作用。同样，一些想法和情绪也深深地刻印在我们的大脑，尽管它们在当下显得不合时宜，但却不可控制地冒出来了。如果你察觉到自己对某件事的反应比较消极，你要学着掌控好情绪的方向盘。首先从你的反应开始，倒回去识别你的固有想法，正是这些想法启动了一系列连锁反应。你要有心理准备，因为你可能会发现这个想法源自你的过去，甚至与你的童年息息相关——下意识的反应或行为模式往往源自我们的过去经验。我们可以成为一位有能力（尽管不太确定）的司机，自己把控方向，而不是成为一名消极、恐慌、任人宰割的乘客，这难道不令人激动吗？如果人类集体朝这个方向努力，重塑我们的大脑，你能想象我们会如何进化吗？

预先行动才能把握主动权

为了理解和应用重塑大脑这个概念，让我们回到前文中鲁莽驾驶的司机身上。当时我们的本能反应是骂人和竖中指。如果我们将巴瑞特的理论应用在这一事件上，对自己的思考模式进行训练，让自己专注于思考反应是如何产生的，会发生什么呢？如果有司机挡住你的去路，你的第一个念头不是骂人，反而是为司机找一个好借口，或者立一个好人设，事情会怎样？布朗称之为"假定的积极意图"（assuming positive intent），意为"对他人的意图、言辞和行为给予最宽容的解释"。用这个方法，你的想法可能会变成："那位司机可能有急事，他一定是急着要去哪里才这样开车的。"如果这个解释对你来说有点牵强——因为现实中有些司机确实很可怕，那么让我们面对现实，考虑练习一些更接地气的假设。例如，用一种不那么圣母的假设："这个司机太糟糕了，他不应该坐在方向盘后面。"有了这个想法，你可能会觉得这位司机并不是故意伤害你，他这样开车只是因为技术不行。你的大脑也会产生与这种想法一致的情绪，可能是怜悯或同情，至少是中立。反过来，你的情绪也会引发不同的反应，要么是爱要么是冷漠，你可能会为司机和路人的安全祈祷，或者摇摇头继续前行。在这两种情况下，你的反应都会归于平静，而不是充满敌意，或者糟糕到演变为路怒。在情绪来临前对想法进行调整，可以影响你行为的结果。我认为这是"预先行动"（pre-action），是对自我认知的一种干预，旨在产生所期待的新行为。

练习7：预先行动

想象一种情景，在该情景下你曾做出某种反应，但现在你想对此反应进行调整。例如，你和让你感到悲伤的挚爱直接互动的情景，或者你与其他人互动的情景。在你的记录本里完成以下句子：

描述当时的情景：_____。

那时你在想什么？_____。

那时你有什么情绪？_____。

那时你是如何反应的？_____。

面对这种情景，你的善意假设是：_____。

预先行动！现在，请重新设想一下：如果以善意的假设看待整个情景，你的想法会带来什么影响？（记得把善意的假设看成一件礼物。）_____。

你此时有什么情绪？_____。

你会如何反应？_____。

给经历丰富者的附加题

你能回忆起以前有这种情绪的时候吗？

你能回忆起以前有这种想法的时候吗？

你能留意到自己的行为模式吗？

继续完成练习并应用到你想调整的反应上。记住，你只是在改变自己的反应模式，你并非无所不能——你没有能力改变任何人，除了你自己。这需要一些练习，但坚持努力，你会发现这个强大的工具会帮助你在悲伤中成长。至少，它提供了一个不可思议的机会，这不仅可以转化你的痛苦，还可以增益你的人生经验。

不同年龄的认知退化

阿尔茨海默病这类痴呆症一般发生在老年人身上，而创伤性脑损伤一般发生在青少年和年轻人身上。在美国，中度至重度创伤性脑损伤的主要原因是意外跌倒和机动车事故。与痴呆症患者缓慢出现症状的情况不同，创伤性脑损伤患者及其家人通常是突然而意外地经历这种变化。即使事故造成的脑损伤没有立即表现出来，后面也会快速出现功能退化，因为创伤性脑损伤对行为、心情、脾气、推理、执行能力等都会有影响。不过，有时创伤性脑损伤是在不知不觉中发生，其影响直到患者出现明显的变化才会被发现。

仅在美国，每年就有大约 280 万例与创伤性脑损伤相关的住院病例。43% 的患者出院的时候仍留有长期残疾。加上脑震荡等轻微脑损伤患者，全球每年大概有近 6000 万创伤性脑损伤患者。美国疾病控制中心的报告显示，不考虑创伤性脑损伤的严重程度，创伤性脑损伤发病率最高的人群仍然是年轻人和老年人。报告还发现，TBI 创伤性脑损伤与阿尔茨海默病相似，都会使家庭结构发生变化，并对照料者产生持续的不良影响。

对悲伤的错误假设

不可预测、令人沮丧的强烈情绪会贯穿悲伤的各个阶段。在治疗的第一阶段，艾米就给我打了预防针，对我来说接下来几周会比较难熬。她会协助我处理发现真相时带出的一些细节，还会和我一起度过悲伤的各个阶段。她已经提前向我介绍我可能会经历的几个阶段，让我有心理准备。尽管我没有怀疑她的理由，但是我仍然希望她说的不是真的——这样我就能幸免于难，不必经历这一场听起来就让人不寒而栗的情绪风暴，不用被令人痛苦的情绪吞噬。

我们可能对悲伤的几个阶段比较熟悉：愤怒、否认、讨价还价、抑郁、接纳和意义。艾米澄清道，虽然不是百分之百，但是我八九不离十也会经历这些阶段。我半信半疑，但是艾米已经执业20多年，经验非常丰富，我知道她是想让我为即将到来的情绪风暴做好准备。"问题不在于丧失是否必然带来这些情绪，"她说，"重要的是你如何应对，每次经历的情绪是否强烈、持续多久，以及我们如何以健康的方式体验这些情绪和处理悲伤。"

头几次谈话的氛围很紧张，让我喘不过气。我时而向艾米讲述发现真相时看到的痛苦细节，时而向她描绘最近外出度假经历的快乐时光，如此往复。我简单聊了一下接下来的打算：为3个伤心的孩子和即将成为前夫的丈夫做些事。我有计划也有行动，没有时间浪费在不开心上。在我的第四次治疗中，我们逐渐建立咨访关系。艾米对我的倾听和反馈让我感觉很受用，她似乎真的能理解我。

"我明白，你的家庭正经历危机，你感觉自己没有时间难过，因为他们都很需要你。你这么想我觉得无可厚非，"接着，她将话题转到富有建设性的主题上来，"但我们必须把焦点放在你身上，关注你正在经历的事情，关注你目前的需求。你有亲戚或者朋友可以过来一周，帮帮你的忙吗？"我摇摇头，表示不太明白她的问题。她为什么这么问？有什么用意吗？

艾米继续描述那些令人痛苦的情绪，有些情绪我甚至从未有过。她这么做的时候，我感觉自己就像她的学生，正在听她讲授一门关于如何防御情感灾难的速成课。她看着我的样子就像一位家长，正在给孩子讲述圣诞老人并不存在的真相，这对孩子来说非常残酷，是一个毁灭性的打击，没有父母愿意充当这样的传话人。

"这样掩耳盗铃会对自我造成损害。"艾米说，"你向我倒了这么多苦水，我担心你开始处理这一切的时候可能会承受不住。背叛、丧失……对于任何人来说，这些都太沉重了。"

我瞪大了眼睛，一时还消化不了她说的这些话。这时，她伸手从旁边的桌子上拿起一盒纸巾。

她双手捧起纸巾盒，说道："把你的大脑想象成这个纸巾盒。如果我们要处理的信息本身就在纸巾盒里面，我们知道如何进行处理。"艾米用左手手指指着纸巾盒里面。

"里面的信息好处理。但是……"她指着纸巾盒周围看不见的空气，"当外界出现状况的时候，"她的手在看不见的空气中搅动，"大脑面对新的挑战，必须处理一些意想不到和难以理解的事情。你遇到的事情已经远远超出了你以往的经验，你没有办法像以往那样简单地进行处理。"

我的耳朵开始嗡嗡作响。艾米换了一种说法，再次指着代表大脑的纸巾盒的外面："你遇到的事情发生在这里，是意外，被认为是一种创伤，你明白吗？"我仿佛看到"创伤"这个词被无限放大，在房间里飘来飘去，最后定格在我面前。

艾米说："处理发生的事情和处理你的悲伤是不一样的体验，这两种体验都会让你感觉非常紧张。你的大脑要进行大量的思考，你的身体也会涌起各种各样的感觉。"

我的注意力又回到嗡嗡作响的耳朵上，现在声音越来越大了。艾米注意到我很不舒服，就没有继续往下说。"你没事吧？"

我点点头，虽然我们俩都知道我不可能没事。

我刚开始坐下来咨询的时候就感觉很不好，听完她的话我感觉更不好了。她的意思是：我意外地发现了丈夫的背叛，这一事件存在于纸巾盒以外的空间，所以我的大脑需要花很长时间和很多精力来处理这件事。我感觉目前我能处理的事情是：艾米让我感觉很不爽。原以为和她谈话会让我好受一些，毕竟心理治疗师理应能帮到来访者。但是到目前为止，艾米好像并没有帮上我什么忙。

"你说你失眠，你想聊一下助眠的药物吗？有一些可以帮助你入眠的比较温和的药物。你想试一下抗焦虑药或者小剂量的抗抑郁药物吗？"艾米看着我，期待从我嘴里得到肯定的答案，但是我没有说话。

相反，我彻底崩溃了。"焦虑？也许吧。但是，抑郁？我难道有抑郁症？"我意识到艾米才认识我没多久，前些日子我才第一次踏进她的办公室——浑身发抖、一蹶不振。她并不了解我——我工作努力、为人果断，在美国中西部以家庭为重的价值观下成长，尽力而为的态度根深蒂固，容不得半点懈怠。"不，不，不！我不吃药。我的意思是，我并不反对使用药物，我也吃布洛芬，有需要的话我也会服用艾德维尔（Advil PM，一种药力非常强的止痛药），"我辩解道，"还有复合维生素和一些保健品。对我来说，这些就足够了。"

她的脸色恢复平静，不置可否。我看不懂她的意思，对沉默感到不安。我继续解释，补充了一些个人经历，帮助艾米增加对我的了解。显然，她还有很多空白需要我帮忙填补。"实际上，我还培训学员，针对他们的思维模式进行训练，帮助他们了解如何提高心理承受能力。"为了不让她太难堪，我继续说，"当然，你不可能知道这些，特别是我现在看起来一团糟。不过，我一直都很有主见。我最好的朋友们经常开玩笑说我是独角兽，身边总是围绕着彩虹和纸杯蛋糕。我是一个乐观主义者，在遇到困难时尤其坚强。"对我说的这些，她不为所动，脸上毫无表情。看来，我还要下一剂猛药——结案陈词要更有说服力。

"我跑过几场马拉松，艾米。"这应该很好理解吧？但是，即使证据确凿，艾米也只是耸了耸肩。

"这很了不起，斯蒂芬。但在当下，这对你恐怕不会有什么帮助。忍耐和积极思考并不能很好地处理悲伤和创伤。这是两码事。它们会对神经系统造成长期的压力。"

让我感到难以置信的是，她并不关注我真正的问题，而是令人恼火地把注意力转移到我这个人身上。这还不算，现在她还要我吃药，断言我会得创伤后应激障碍（PTSD），好像事情还能变得更糟一样。

你一点忙也没帮上，艾米。

我从沙发上起来，拿起外套和手提包准备走人。艾米抬头看了看墙上的钟，一脸疑惑。在她提醒我这次咨询还剩 20 分钟之前，我打断她，回答了她前面问我的吃不吃药的问题："不，我不想吃药。我不需要药物治疗。"我的语气尖酸刻薄、充满挑衅——当我是 13 岁的叛逆少女的时候，特别喜欢这么说话。在我充满敌意地打开门准备离开时，我停了下来，转身面向她。我早已摆脱的放荡不羁的女中学生又跳了出来——我眯着眼睛，摇晃着手指，语气暴躁地说："艾米，你不了解我。"我带着被冒犯的心和受伤的自尊离开了她的办公室，头也不回地走了。

几个小时之后，我为自己不成熟的行为感到尴尬，于是联系艾米并向她道歉。事实上，我为自己的真实处境感到受伤，我对所有的未知都感到恐惧。仔细回想，我意识到，虽然我只见过艾米几次，但是她比我更清楚未来我会遭遇什么。后来，又经过几个小时的治疗后，我终于明白自己的反应为何那么大——我有一个错误的假设，认为艾米觉得我很脆弱，觉得我没有足够的心力迎接即将到来的创伤风暴。我认为她也许并不知道如何帮助我，所以把我当皮球一样踢给药物治疗。这种不正确的认知，加上我之前对抗抑郁药物缺乏了解，造成了内心的害怕和抵触。事实上，我担心药物会在某种程度上降低我的思维能力，影响我的判断，或者更糟糕的是，削弱我的感受，让我变得麻木。大脑的每个神经元对我来说都很重要，所以我害怕药物会破坏我敏锐的思维。

虽然我为自己的幼稚行为感到抱歉，并回到艾米那里继续接受治疗，但我仍然认为药物治疗的风险较大，弊大于利。艾米在一次治疗快结束时再次问我："斯蒂芬，你确定不用点药吗？只是一些帮助你睡眠的药物。"我拒绝了她的建议。我告诉艾米，家里有夜用的布洛芬，如果有必要我会吃的。但是，艾米好像并没有听进去我说的话——其实恰恰相反，接下来几周发生的事情证明，是我没有听进去艾米的话。事实证明，后面的一切都脱轨了：我的关系、接下来的一年，还有很多事情，都发生了翻天覆地的变化。那时我还没意识到，我在艾米办公室里的反应是一条重要线索，它可以帮助我挖掘到深藏的宝藏，找到治愈自己的工具。

与情绪共存

尽管我并不认同或者并不理解艾米的一些说法，但有一点我很清楚：重要的是，我要允许所有情绪的存在，这意味着我要体验和接纳这些情绪，而不是排斥它们。对于一个感情充沛、有着深刻体验的人来说，我很年轻的时候就认识到，沉浸在情绪中可以帮助我理解自己和他人。对我来说，"沉浸在情绪中"意味着我要了解自己的内心，允许我的身体成为解码器来诠释我的感觉。这有时像是在漫步、静坐、摇着摇椅的成人，有时又像是一屁股坐在地板上发脾气的孩子。

不过，尽管你腾出足够的空间，允许自己去感受，无论出现什么情绪你的身心都努力去迎合，但你的大脑却会不由自主地胡思乱想，给你帮倒忙。对于我来说，我会回顾自己的过去，不断回放一幕幕苦乐参半的往事。我也会幻想未来，想象着那些永远不会成为现实的画面，例如，庆祝我们的 50 周年结婚纪念日，或者开启一场我们曾经商量好的、美妙至极的梦幻旅行。如果你也和我一样想太多，想从这些幻想中得到慰藉，最终只会竹篮打水一场空，甚至还会让局面变得越来越糟糕，落得像我一样的下场。归根结底，我们所有的情绪都值得被倾听，所有的情感也需要表达。至于它们是以一种健康的方式出现，还是在压抑多年后才爆发，伤害自己和他人，这完全取决于你自己。《探索者指南：心灵历奇》（*The Seeker's Guide: Making Your Life a Spiritual Adventure*）一书的作者伊丽莎白·莱瑟（Elizabeth Lesser）很好地阐述了这一点。她写道：

"当我们遭遇丧失，即使痛苦暂时没有袭来，它也会在前方等着我们。它不会无故消失或凭空消散。相反，它会暗暗地积蓄力量，过段时间再以其他奇怪的方式出现，给我们重重一击。"

练习8：悲伤的情绪方程式

当艾米问我是否想尝试一下抗抑郁药物时，我感觉自己被冒犯了。这时的情绪方程式大概是这样的：大量的恐惧＋很多的羞耻＋较少的尴尬＋很少的焦虑。

你也可以像这样给自己的悲伤列一个情绪方程式。这可以帮助你洞察自己是如何做出反应，以及为何这样反应的。

描述你的一次经历：你做出了某种让自己后悔的反应。

这次经历让你涌起哪些情绪？

按照强烈程度给这些情绪排序：最强烈的情绪排在前面，最不强烈的情绪排在后面，以此绘制你的情绪方程式。这样做是为了更好地理解我们的感受，理解情绪产生的原因，如此我们就可以做出平和、深思熟虑的反应，而不是出于恐惧下意识地进行反应。

举个例子，在我和艾米的互动中，我能识别出当我决定离开艾米的办公室时自己有四种情绪：羞耻、尴尬、焦虑和恐惧。按照强烈程度进行排序的话，恐惧最强烈，其次是羞耻，然后是尴尬，最后是焦虑。

给旅行者的小贴士：管理你的情绪

在痛苦的环境中，我们可以重构我们的认知，可以有意识地重塑我们的情感为我们所用，而不是受制于我们的无意识情感。这并不意味着要消除我们的感受，不去体验这些情绪情感，也不意味着我们的情绪不会再起伏不定。当我们在丧失的浪潮中航行时，拥有重构情绪的能力可以帮我们有效地管理情绪的强度及持续时间，将海啸变为毛毛雨。我们越能驾驭自己的想法，就越能清晰地展现自己，从而更自信地应对悲伤掀起的惊涛骇浪。

与悲伤的各个阶段共舞

跟艾米预测的一样，悲伤的各个阶段仿佛收到了指令，开始释放它们的威力。我很快就被各种情绪炮弹包围——艾米早就警告过我这一点。我的想法、情绪和情感像一群无组织、无纪律的暴徒，住进了我的头脑，现在我知道这是遭遇创伤后的正常反应——在遇到诱发事件之后，特别是一个涉及创伤的事件，我们需要花费时间和精力来消化和学习如何应对，尤其当我们正在承受悲伤的时候。对我来说，诱发事件带给我的暴击刚刚消停，情绪炮弹就对我发起了攻击，它们击破了我因创伤披起的铠甲。我暴露在我从来没有体验过的强烈情绪的狂轰滥炸下，显得孤立无援。诱发事件发生 3 周后，"悲伤"精心部署了一轮攻击。我当时予以"否认"："不会吧，你太小题大做了，别这么夸张。"

但我的理智告诉我，我没有小题大做。"否认"很快就消退了，紧接着，激动的"愤怒"蜂拥而至："见鬼！谁干的？我不该承受这一切！"在这场争先恐后的比赛中，充斥着大量尖叫和哭泣。当我把结婚照扔到房间的角落时（这并不是我最愤怒的时刻），我感觉自己失控了，就像着了魔一般。"愤怒"的表演欲很强，不愿意离开，直到我妥协为止。就这样，我每天如例行公事般地号啕大哭、捶打枕头、低声吼叫以及对着空气不停地骂骂咧咧。这些阶段毫无征兆地自由转换，无休止地轮番上场。"讨价还价"经常来值夜班，在我应该睡觉的时候也不让我的脑子停歇片刻。

"愤怒"让我筋疲力尽，我只好躺在床上，连续几个小时进行"讨价还价"。大多时候，"讨价还价"看起来就像不断地进行"如果——那么"的造句，让我时而疯狂时而平静：如果我可以理解，那么我可以选择不离婚；如果我有办法找到原因，修复一切，那么我可以让生活回到正轨；如果不是我，那么又是谁？我深深感到，"讨价还价"更像一位问题解决者而不是战士。它成了我的盟友，帮助我理清思路。在我的大脑里有一个辩论场，我想，最好放上一块白板，写上能治愈我的各种观点。"好吧，这样如何？恢复日常生活，比如按时吃饭，或者一起看场演出。这样你就能搞清楚你需要知道什么，以及弄明白你需要什么帮助。"在"讨价还价"的魔法下，这样的计划在大脑的辩论场里很管用，但是在真实生活中却很容易败下阵来。外出约会、看演出或者看真人秀只会让我的生活变得更加糟糕，除此以外毫无用处。事实上，"讨价还价"总是用错误的陈述扰乱我的思绪，根本不是我真正的盟友。在"愤怒""否认""讨价还价"之间的短暂空隙，我会感到片刻的"接纳"。尽管它是在情绪完全枯竭之后出现的，尽管它停留的时间非常短，但它却使我的头脑变得清晰，还能让我从其他情绪阶段中得到难得的休息。"接纳"的体验对我来说更像乔装打扮的"冷漠"，但它让我有余力去关注其他事物。它就像悲伤的其中一个阶段，但又跟艾米向我介绍的其他阶段不同。尽管那时我还不知道这个阶段叫什么，但是当它出现时我却能分辨出来。

回顾这段往事，真是又好笑又难过。我拼命想抓住所有的救命稻草，来修复婚姻带给我的致命伤害。但是，1个月过去了，仍然只有我的朋友斯蒂芬和艾米知道全部真相。我只是试图在其他人察觉之前让我的家庭重归于好。同时，因为我濒临崩溃，所以无法将我看到的真相与我曾信以为真的事情合二为一。连我曾经托付终身的事情都错得如此离谱，我还有什么是对的吗？背叛带来的创伤就是这样：它是另一种形式的地狱，不仅破坏了爱人之间的关系，还毁掉了她们对世界的信任，以及她们内心的安全感。

痛不欲生

诱发事件发生后的第六周，"抑郁"来了，让我差点失去半条命。一切都天翻地覆，包括我的呼吸都变得不一样了：我感觉胸闷气短，气若游丝，每一次吸气和呼气都是折磨。"抑郁"似乎掐住了我的喉咙，让我呼吸不畅。它把我整个人包裹起来，就像一个外来的怪物依附在我身上，随时准备把我同化。意识到这些变化，我躺在黑暗中听天由命，每次发现自己无法呼吸的时候就猛吸一口气。

我期待自己可以平静下来。突然，我感觉自己心脏病似乎发作了，我猛然惊醒。我喘着气，头晕目眩，找不到北。我想要喝水，但是连去厨房倒水的力气都没有。我躺在地上一动不动，盯着上面的天花板。我注意到挂在天花板上的吊扇已经好几个月无法正常转动了。但如果我把它调到最高速的挡位，我自己再站在它下面，会发生什么？要多久它才会摇摇晃晃地从天花板上坠落，掉在我的身上？它会让我伤得多严重？会严重到住院吗？医院里会有好心肠的、充满爱心的医生和护士给我端茶倒水，照顾我直到康复吗？当我正胡思乱想的时候，我突然想起刚才自己心脏病好像要发作了。也许我应该打电话叫个救护车，但是我没有，而是给艾米的紧急联系电话发了个短信。艾米问了我一些问题，包括我是否有家族心脏病史，是否有过惊恐发作等。我刚才的经历很像惊恐发作，这是一种由压力引起的常见的生理反应。

我躺在床上，我开始转向思考现实问题。我的婚姻已经无法挽回了，我不知道在我的婚姻里哪些事是真的，哪些事是假的，是不是有真的事情存在。我也不知道我的未来在哪里，我曾经憧憬的未来已经全毁了。我开始自言自语："我知道我是谁。"我为自己的喃喃自语吓了一跳。"我知道我是谁。"我再次开口，像是在发表宣言。我既弄不明白我的过去，也不清楚自己的未来，我还不知道为何会发生这一切，我该如何度过这一劫。但是我的灵魂知道，在那一刻，我见识到幻想的魔力。尽管那晚它没有解决任何事情，但那时它和我相依为命，似乎它就是我拥有的唯一真相。

练习9：悲伤的阶段

从头开始回顾一下你所经历的悲伤阶段，在每个阶段你都体验了哪些情绪？试着找出一些例子描述你在每个阶段的感受并记录下来。

- 否认

- 愤怒

- 讨价还价

- 抑郁

- 接纳（很长时间我都感觉不到接纳。当我开始练习冥想和正念，才意识到它的到来，这让我开始梳理自己的想法，也让我回归平静）

- 你所经历的其他阶段或很久没有走出的某种情绪状态（例如意义、困惑等）

绝地求生

我陷入抑郁整整3周，整个人非常虚弱，距离诱发事件的发生已经第九周了，我非常渴望能好一点或者能干些什么。我几乎无法照顾我的孩子，洗碗池里成堆的碗碟每天都在提醒我，我需要别人帮一下家里。斯蒂芬和艾米——知道全部真相的两个人，都鼓励我把事情告诉别人，让他们知道我现在很痛苦，以及我为什么会这么痛苦。我知道他们是对的，所以，在斯蒂芬对我做了一次特别打动我的谈话后，我最终发信息向一些值得信任的朋友倾诉，给家人打了简短的电话，释放求助信号。发出去的信息都是一样的：简单陈述了我准备离婚，在发现丈夫出轨后感到十分震惊和崩溃。我的女性朋友们自发组织起来，发起了一个临时的援助计划，包括令人震撼的12周实地支持。他们和我的家人一起，分别从6个不同的州赶过来，轮流照顾我的孩子、我的家和我。他们帮我遛狗、开车、叠衣服、购物、做饭、付款和检查孩子的作业。他们陪孩子们玩了无数次UNO纸牌，静静地和我坐在一起玩拼图，给我无声的支持。对于我太过亢奋的大脑，拼图可以让它暂时舒缓下来。他们定好闹铃，提醒我及时喝水，他们还帮我梳头。他们无微不至地照顾着我和孩子们，但即便如此，我仍然无法离开悲伤的过山车。

在朋友凯莉来的那一周，抑郁仍然像个大将军，指挥着千军万马对我发起攻击。当凯莉放下行李，她说她很惊讶我拒绝了药物治疗。"如果现在不吃药，要等到什么时候才吃呢？"她问。我们的友谊已经持续了30年，我们亲密坦诚、无话不谈。我们是彼此的依靠，互为镜子、互相照见，总是不带评判地倾听对方，像一名可靠的导师一样指出对方的盲点。那天晚上，当我一边刷牙一边回想凯莉所说的话，镜子里的影像让我一愣。我不知怎么把自己弄得既憔悴又浮肿：我瘦了将近20磅，多年未见的颧骨也凸显出来，而我的眼睛总是湿湿的，布满血丝、眼球突出。我看起来像极了漫画里的人物。我的皮肤干燥，掉起了皮屑。我没有精力清洗和打理我的头发，头发脱落严重。我只空余一个躯壳，从身到心都是如此。"如果现在不吃药，要等到什么时候才吃呢？"我对着镜子问自己。虽然直觉告诉我，药物治疗不是最好的选择，但我也不知道什么是最好的选择，也没有其他好的选择供我考虑。一夜未眠后，我接受了另一个残酷的事实：我不能相信自己的直觉。我被欺骗了整整10年，它从来没有给我一点点提示，反而让我一败涂地，我凭什么还要信它？第二天，凯莉把我送去艾米那里接受心理治疗，我终于举起了白旗，马上要求艾米给我开处方。"好的！"艾米异常开心，如释重负。"我一直在等你答应，斯蒂芬。没什么好顾虑的。"她肯定地说，"这一定会对你有帮助的，我保证。"

学会必要的投降

一夜之间，我精致的床头柜变身为床头药箱。看着装满药片的瓶子——它们可以帮助我入睡，抑制我的惊恐发作，缓解我的抑郁——我有一丝羞愧，同时又感到解脱。如果早点接受药物治疗，在抑郁降临的那晚，我可能会更轻松地进入这一可怕的阶段。几周后，我松了一口气，因为我感觉药物的副作用并没有我想象的那么可怕。我依旧保有我的认知能力，令人高兴的是，我的推理能力也没有减弱。药物并没有改变我的思维，反而帮我平息了脑海里的喋喋不休，让我过度劳累的大脑获得休息。当抗抑郁药物开始生效，我收到了它们送给我的第一份礼物：整整 8 个小时的睡眠。我已经几个月没有睡过好觉了，因为我混乱的脑子昼夜不停地工作：我的大脑就像一位孜孜不倦、不查个水落石出誓不罢休的侦探，一直在搜寻以前的记忆和瞬间，生怕遗漏任何线索。对每一条线索，它都会刨根问底，但最后只会把我推进深渊，带来更多悬而未决的问题。最终，我从中学到了两件事：（1）大脑的破案游戏对我来说毫无用处，对我的身心只有坏影响；（2）剖析过去是徒劳的，我的大脑需要关注当下。

小贴士：药物治疗是个人选择

• 处方药并不适用于所有人，当然也不是包治百病的灵丹妙药。（例如，对朋友有效的药物，对我来说就不一定有效。）

• 与你的医生进行沟通，了解药物是否可以成为你的选择。（我这么做了。）

- 向你的医生了解药物的副作用，确保用药恰当。（不要自行服药，要把事情交给专业人士。）

- 在找到最有效的药物组合之前，停药、服药、换药是很正常的操作。（我来回调整了 3 次。）

- 调整药量甚至完全把药物换掉，会让我们感觉很沮丧，所以一定要做好心理准备，对整个过程要有足够的耐心。

- 记住，药物只是一种必要的支持，并不需要终身服用。当你准备好的时候，你的医生会指导你完成断药过程。（我大概经历了 18 个月的服药期和 1 个月的断药期。）

- 在服药过程中，请问问自己：我有改善吗？还是感觉更糟糕了？药物适不适合我？

正念和冥想

当你端起茶，你会不由自主吸一口茶香，让所有的思绪回到你的身体，完全专注于此时此地。不想过去，不念将来，安在当下，这是我和茶真正的相遇。在我喝茶的时候，满是平静、幸福和喜悦。

——一行禅师

经历模糊悲伤是遭遇丧失的结果。在过去兜兜转转，活在"记忆模式"里对我们的康复于事无补。但如果你有意识地训练自己的大脑，就可以改变关注的重心，重新找到平静。其中一种训练方法就是学会从回忆中抽身，关注当下。这并不是一种新的方法，也许你早已听说过。如果是这样，你可能是以下三种人中的其中一种：对此一点都不感兴趣，快速掠过；对此很好奇，渴望知道更多，而且还用荧光笔画出重点；处于两者之间，抱怀疑态度但愿意谨慎地尝试一下。也许，你早已尝试过，或者像我一样是一个谨慎的怀疑论者，只是在外围远观，直到现在还没尝试过。对此，我非常理解。艾米曾鼓励我尝试一下冥想，但是，就像我拒绝药物治疗一样，我拒绝进行尝试。我是这么想的：（1）我没有时间；（2）我不认为自己可以做到。我对冥想一无所知，后来我意识到，这是因为我完全没有接触过冥想，加上一些毫无根据的推断，所以无法体会到冥想的价值。对于一些经历悲伤的人来说，静静地独自冥想看起来就像一种软弱的行为——如果没有事情可忙，我们就要面对那些关于挚爱和丧失的痛苦感受。由于担心静下来会胡思乱想，人们通常采用一些外在的应对策略（例如购物、工作、喝酒、吃东西、锻炼等）让自己忙起来，这是一种很常见的保护机制。

对一些人来说，比如我，正念和冥想听起来不太符合逻辑。我的现实生活发生了翻天覆地的变化，在每个悲伤阶段都会发生很多事情。我正在想尽办法理解生活中发生的这些问题，并寻找解决办法，因此我觉得花费时间无所事事地坐着是适得其反的行为。不过，我的想法又一次错了。

在过去 10 年里，正念和冥想变得越来越受欢迎，特别在新冠疫情暴发以后，其作用变得尤为突出。然而，它们并不是现代人新发明的工具。实际上，作为强大的压力管理工具，正念和冥想已经被使用了几千年。

尽管这两个词经常被换着使用，但其内涵并不相同。前人对两者的定义有不同说法，我采用的定义是：正念是把你的意识带到当下，不带任何评判地活在当下；冥想是一个致力于将时间和空间用于集中注意力的过程。你也可以将它们看成是包含关系，就像并不是所有的基督教徒都信天主教，但所有的天主教徒都是基督教徒。当我们冥想的时候也在练习正念，但练习正念并非只有冥想一种方法。两者的共同好处是都可以减轻压力。在创伤事件、重大丧失和哀伤过程中，压力会加剧，这就是为什么我们要把这些经过时间考验的工具放进模糊悲伤者的行囊里。

我拒绝了艾米关于冥想的建议。几个小时后，我恰逢其时地看了脱口秀《超级灵魂星期天》（*Super Soul Sunday*），这彻底改变了我的想法。这一集的主题是冥想，作家和思想领袖埃克哈特·托利（Eckhart Tolle）接受了奥普拉·温弗瑞（Oprah Winfrey）的采访。托利谈到他的工作，以及关注当下生活的重要性。不知道为什么，我的大脑给我发出信号，唤醒了我的注意力。我本能地拿出一个笔记本，从头看完了整个节目，并且像第一天上课的学生一样认真地做了笔记。托利说："所以，当你用心倾听自己的想法，你觉知的不仅是想法，还有你自己——你见证了自己的想法。当你开始观察引起想法的思考者——你自己，更高层次的意识就会在你内心激活。"我的这位新老师让我大开眼界。在 1 个小时的时间里，我接触了一种新的思维模式，并受到启发，开始学习更多关于正念和冥想的知识。

我第一次尝试冥想失败了，当时我使用了一个名为 Headspce 的冥想 App。虽然我只是尝试练习了 10 分钟，但感觉像过了 60 分钟那么久。

我回想起托利所说的类似鼓励的话，最后坚持了下来。然而，几周之后，这种练习对我来说还是很陌生。我的大脑一向都很忙碌，要摆脱内心的杂乱，看起来似乎是件徒劳、不太靠谱的事情。在 Headspace 上，有一位澳大利亚教练，他专门指导我开展冥想练习。当我随着他的指导语进行练习时，我的呼吸也会影响内心。通过不间断地进行练习，我慢慢地将心率从百米冲刺的状态降低到奔跑，然后再到慢跑、行走和漫步。外界干扰逐渐消失，我的心率也渐次调整到合适的水平。艾米和托利都认为，这种状态对我们这些想太多的人很有好处。我的大脑（不是我）观察到吸入的空气进入我的肺部，再从我的鼻子呼出。我的大脑还能听到呼吸的声音，以及观察到我的呼吸和缓慢的心跳步调一致。就此而论，冥想对我的身体也有好处。

很快，我开始在每天的日常生活中练习当下的觉知。扫地的时候，我专注于扫把的移动、手臂的摆动和地板上的灰尘如何被清扫进垃圾铲；煮饭的时候，我专注于切菜发出的声音、蔬菜斑斓的颜色和炖汤散发的香气，就像我觉得正念就像把头脑里十多个浏览器一一关掉，只剩下唯一一个。这样，我就不用同时处理多项任务，或者神不守舍地处理一项任务。我有意识地关注当下以及我引发的行为。有一种方法对我的练习很有帮助：把脑海里的想法当成喜欢一直问问题、向你报告他们的发现、不停地制造噪声的小孩子。当你要一位年幼的孩子保持安静时，只要给他们一项任务就可以了：让他们数一数自己的呼吸或者来回重复一句话，以此帮助他们保持专注和安静，从而让你自己觅得片刻的安宁。

为了帮助你理解和观察你和你的想法之间的差异，可以给你的思维小孩（mind child）命名——那个你读这本书时也能听到其喋喋不休的思维小孩。"你"并不是这位"思维小孩"，"你"是意识到"思维小孩"存在的观察者。我把我这位喋喋不休的思维小孩称为"小亲亲"。小亲亲总是不停地讲话，因而当我必须打断她的时候，我会带着共情和感谢跟她打招呼，很友好地请求她闭嘴。

当难受的情绪袭来时，我会进行冥想练习，以此降低情绪的强烈程度。这样的练习已经成为我一天中最期待的时光。为了更好地进行练习，我会特意叮嘱孩子们，获得他们的支持，让他们在我度过这段重要的时光时尊重我的隐私。后来，练习时间从 10 分钟慢慢地增加到 20 分钟，成为我最珍惜的下午时光，一直延续至今。

人们早就发现，我们的祖先早在几千年前就对情绪进行了深入的思考。同样，人们普遍认为，正念和冥想已经被实践了相当长的时间，且被鼓励将它们作为日常练习。

正念和冥想的真正益处

尽管几千年来，正念和冥想的益处已经为人熟知和称颂，但根据统计，最多只有6.25%的人练习正念和冥想。在美国，只有14%的居民至少练习过一次冥想。美国练习的人数比较少，也许是因为他们对正念和冥想有误解，认为它们跟信仰相关。正念和冥想起源于东方，随后经过数世纪的教学才逐渐传播开来，并在50多年前成为美国主流意识的一部分。其中一个重要原因是现代人的各种压力日益增加。这些练习越来越受欢迎，人们从中感受到巨大的好处。马萨诸塞州综合医院和哈佛医学院的研究发现，那些每天使用心身减压冥想技术的人，每次仅仅练习30分钟，只要坚持8个星期，大脑就会发生令人惊叹的生理变化。这些变化包括：自信和专注力增强（后角回变厚）；情绪管理、学习、记忆能力提高（左海马体变厚）；同理心、怜悯心和洞察力提高（颞顶交接处变厚）；压力降低、"战斗或逃跑"的应激反应减少（杏仁核变小）。

正念和冥想对大脑灰质的影响

> 可以用另一种方式看待冥想：如果将思维过程看成瀑布，想法就是源源不断地落下的水流。在练习正念的时候，我们要超越或落后于我们的思维。就像我们在瀑布里面的山洞或瀑布外的岩石凹陷处觅得一处最佳观赏点，在此处我们仍然能看到瀑布和听到瀑布的声音，但我们已经远离了瀑布的冲击。
>
> ——乔·卡巴金

关于正念和冥想的好处，研究者还有一项惊人的发现。马萨诸塞大学医学院、马萨诸塞州综合医院和德国本德神经影像研究所联合成立了一个研究团队，他们对定期练习冥想的人进行了研究，并有了一些有趣的发现。核磁共振成像（MRI）的结果显示，冥想练习对大脑有着深刻和长期的影响：它们提高了大脑灰质的密度（大脑灰质会影响记忆、学习、运动等功能），不仅减缓了大脑的老化，甚至还能使大脑逆生长。

哈佛大学的神经学家萨拉·拉扎尔（Sara Lazar）也参与了这项研究，

他说:"有充分的证据证明,随着年龄的增长,我们的大脑皮层会萎缩。也就是说,我们在推理和记忆方面会变得迟缓。但是在同一大脑区域,50岁的冥想练习者和25岁的普通人的大脑灰质数量一样。"另外,不要以为大脑灰质不可再生,研究证明,如同播种一样,我们可以通过冥想让大脑灰质再生。

我们都有各种各样的烦恼,例如沉浸于失去挚爱的痛苦回忆中,被鲁莽驾驶的司机惹怒,为未来烦忧,或者被肩上的重担压得喘不过气——每天遇到的这些烦心事是人类生活的一部分。如果我们能够早点认识到我们自身与我们的想法并不是一回事,就能早点找回自我意识和内心的平静。

改变我们的行为反应,克服令人痛苦的情绪,重构我们的认知以及安静地打坐,这些做起来都很不容易。但是科学已经向我们证明,这些都可以实现,而且会在很多方面影响我们的健康——我们可以成为自己思想的主人。

练习10:按下暂停键——善意冥想法

练习冥想时你可能会走神,记住,走神也没关系。冥想并不是不能有任何想法,而是要观察自己的想法。冥想是练习让你的大脑安静下来,体验安住在当下的感觉。当你的"思维小孩"开始喋喋不休时,"嘘"她一声,让她安静下来,然后转向关注其他(呼吸等)。在善意冥想法里,请尝试向你的挚爱表达善意——这位挚爱已经离你而去,让你悲伤不已。如果很难做到，请向你自己表达善意。

（1）找一个安静的空间。

（2）设置5分钟的闹铃。

（3）用放松的姿势舒服地坐在椅子上，背部挺直，双脚平放在地板上。

（4）双手放在腿上。

（5）深深地吸气，1、2、3，停住，1，慢慢地呼气，1、2、3。当你呼吸的时候，在脑海里想象你的挚爱（或者你自己），向他们表达善意和爱意，想象有一束金光从你的灵魂直达对方的灵魂。

（6）重复这个过程，直到5分钟过去。

回答以下问题是对整个过程进行反思。为了对你的成长进行评估，同时看看如何练习冥想效果最好，请每月重温一下这些问题。

冥想时，你的身体有什么感觉？

冥想时，你想到了什么？

冥想时，你有什么发现？

冥想就像学习骑自行车一样需要练习和坚持。你会发现，一旦自己找到了平衡，它就会带你跑得更快，去到更远的地方，并极大地改善你的健康。尽管有时候你不得不停止冥想，但是一旦重新捡起，你很快就可以熟练如初——学一次，终身受用。

无法识别的情绪

我们知道，接受情绪而不要排斥情绪，对我们有很大的好处。一些最新的研究告诉我们，对情绪进行命名，或者通过语言将情绪表达出来，也有同样的好处。心理学家丹·西格尔（Dan Siegel）将这种练习称为"命名以平复"（name it to tame it）。在和蒂娜·佩恩·布赖森（Tina Payne Bryson）合著的《全脑教养法》（*The Whole-Brain Child*）中，他对此进行了解释：右脑负责情绪的产生，对情绪进行命名则是左脑在参与，可以帮助大脑理解这种情绪并体验到一种掌控感。

这也是我们要练习了解和接纳情绪的另一个原因。对于我和其他分享悲伤故事的人来说，药物治疗显然是一种有效的资源，但也绝不是包治百病的灵丹妙药。我非常明白这一点，所以在开始服用抗抑郁药和停药后的很长一段时间，我都在寻求其他方式来处理悲伤所带来的诸多情绪和强烈感受。持续地对内心进行观察和对身体进行扫描已成为我的习惯，这能帮助我正确识别快乐等各种情绪。我的身体会提供一些生理线索，帮助我对这些不请自来的访客进行命名。例如，我注意到当我焦虑的时候，头会晕；无助的时候会体验到窒息感。有些访客非常复杂，难以识别，因为有些情绪之间的差别非常细微——它们有同样或者相似的特质。

经过几个月的练习，我已经相当熟练，只有一种情况例外：这种特别的情绪似乎在跟我捉迷藏，让我感到非常沮丧，尤其是当它出现得越来越频繁时，我感到更加挫败。就如同看到一位老朋友的脸，却想不起来其名字一样，当这种情绪来了又走，我却无法将它识别时，我的沮丧感与日俱增。这位神秘访客的名字已经到了我的嘴边，然而大脑里似乎有什么东西将我的能力封印，让我无法把它的名字说出来。几个月后，我只能找到以下几个线索：（1）它给人一种很熟悉的感觉，在诱发事件发生前和发生后我都遇到过；（2）它是"中性"的，既不"好"也不"坏"（我们知道，所有的情绪都是中性的，而它们有好有坏，只是因为我们将自己的想法投射给它们，影响了我们对它们的感知）；（3）它的出现并不遵循某种固定的模式，也没有固定的诱发因素。我决定，当这种情绪来临时坦然接受，除此以外不再特意关注它。我相信最终会水落石出，就像那些到了嘴边却叫不出的名字一样，我迟早会想起来。我不再执着于找到答案，练习扫描身体获得的好处让我很受鼓舞。很快，我决定全心全意地投入新掌握的正念和冥想中。

我现在仍然不知道这种情绪到底是什么，但事实证明，正念和冥想是非常完美的训练工具，能帮我找到并命名自己的情绪。这两种工具都能帮我专注于当下：正念使我对世界更加敏感，而冥想则提高了我的专注力。总之，这种效果令人满意，类似于忙碌完一天对衣橱进行彻底清理后的感觉——清理空间让我感觉井井有条、心情愉悦。但就像刚刚整理好的衣橱，只有保持空间的整洁，才能更容易找到你想要的衣物。不过值得庆幸的是，每天只需要花几分钟就可以做到。

在日常冥想中，我会对头脑进行清理，学会放下"现实的我"，与"内在自我"建立连接。我的内在有些感觉一直没有消失——6岁生日时感到的眩晕，可怕的星期二那天躺在地上泛起的恶心。重新与这些感觉建立连接并不容易，因为我感觉内在自我曾深深地背叛了我。实际上，当我的婚姻出现问题时，它连一点提示都没有给我，所以我已经不再对内在自我深信不疑。但是，当我有意识地花费几个月的时间对情绪进行命名，通过冥想与内在自我重新建立连接后，情况有所改变。好处很明显：我发现内在自我可以为我提供洞察力，包括对那些考验耐心、模棱两可、叫不出名字的情绪进行正确命名。如果你也被这些令人沮丧的情绪困扰，原因无论是你无法对它们进行命名，还是叫不出"老同学"的名字，都不妨对你的头脑进行清理，看看脑海里会出现什么。

本章回顾

做得不错，感谢你一路跟随走完这一站。这是我们整个旅途中很艰难的一站，你可能会感到情绪枯竭，甚至身体疲惫（或者两者兼而有之）。因为挖掘情绪和解析情感不是一项容易的任务，况且我们还处于悲伤之中。

通过这个艰难的处理过程，你可以把我们旅途中的每个站点都串联起来。大脑就像一个公共处理器，会有大量情绪涌现。这一章我把它们一起呈现出来，以便为我们接下来要走的旅途提供一个框架，帮助大家更深刻地了解模糊悲伤过程，尤其是对迎接下一站有所准备。

尽管正念和冥想并没有强大到可以让挚爱回到我们身边，让一切恢复原状；也不能消除认知退化或者创伤性脑损伤带来的伤害，但是我们知道练习正念和冥想对我们的大脑很有好处，我们可以为了这些好处进行练习。通过练习正念和冥想，可以平复脑海里各种混乱的想法，帮助我们保持平静，识别甚至重构我们内心的想法，甚至还能帮助我们识别和重构思考方式。因此，当我们带着自我关怀和仁爱之心来爱自己的时候，内心就会发生改变——我们开始转变和获得疗愈。用心去了解、识别和面对我们的情绪，用"预先行动"干预我们的认知，我们就可以发生微妙的变化，进而缓解悲伤。

要改变先入为主的假设，就应该对心理治疗、正念和冥想等我们没有接触过的治疗方式保持开放的态度。这样，我们就能够更好地觉知外在世界，增强共情的能力。这并不意味着你突然变回了原来的你，或者你所遭遇的丧失消失了，而是意味着你能够积极地选择如何体验悲伤，不用消极地等待时间来疗愈伤口。每次面对不同的情绪，你就会做出一种选择，随着时间的推移，这让你有了治愈的能力。你刚刚又为自己的治愈之旅增加了两项技能：正念和冥想。它们会提供很大的帮助，你可以随时随地进行练习。另外请记住，在医疗护理人员的指导下，心理治疗和药物治疗也是不错的选择。

也许你的父母并没有罹患痴呆症等疾病，你的挚爱也没有遭遇脑损伤，尽管如此，但当你能够直面自己的悲伤，从本章获取有用的信息并加以实践，你可能会更好地理解书中的故事，甚至从中看到自己的影子。我从我的访谈对象身上学到了很多，这些模糊悲伤者帮助我搞清楚了悲伤的阶段，消除了我的疑惑。

接下来你也会经历悲伤的各个阶段，但在你继续之前，请花点时间好好反思。如果环境允许，你现在就可以拿出记录本，回答这个问题："我的真实想法是什么？"简单地整理你的思绪，与自己的内在自我建立连接。不要对你的想法进行评价，只是如实地写下来。如果你不喜欢记录，也可以用其他方式进行表达——画画、跳舞或者唱歌，只要有感觉就可以。如果这些你都不想做，那就做几次深呼吸或者喝点水。

然后，当你准备好在下一站与我相遇，你会面临一个决策的分岔口，前面有两条路供你选择。这两条路看起来很相似，其实只是名称相似。我会把两条路都向你解释清楚，并告诉你对我来说它们有何不同。所以，当你继续前行，请保持耐心并善待自己。记住：当你觉得情绪不稳定、想法来回变化或者丧失的打击过于沉重时，正念和冥想可以为你提供有效的帮助。保持平静，深呼吸，找回自己的觉知。记住，要将你自己与头脑里的想法分开看待。

第三章

希望、个人力量与女性成长小组

我不是乐观主义者，但我对希望深信不疑。

——纳尔逊·曼德拉（Nelson Rolihlahla Mandela）

在上一章，我们已经了解到悲伤是遭遇丧失的正常反应，在悲伤的各个阶段我们会经历各种急性发作的强烈情绪，这种情况很常见，而且是普遍存在的。对于个人而言，这是比较独特的体验，跟我们丧失的关系一样独一无二。在允许这些情绪存在的同时，我们可以获取一些工具，帮助我们用健康的方式进行哀悼，而不是对此进行排斥，或者使用适得其反甚至有害的应对机制。经历丧失后，在帮助自己康复的过程中，你也会同时获得帮助你重新适应生活的方法。在这一章，你会获得一个简单的写作工具，我相信你会用它更好地武装自己，为自己的治愈做出一个至关重要的决定。在旅程的前面两站，我们已经为这个问题做好了充分的准备，以帮助你更好地看清自己。这一站是模糊悲伤过程的关键站点，因而我们会在这里花费相当多的时间——比其他站点花费的时间都要多。我自己在这一站摸爬滚打了很长时间，所以我迫不及待地要带你游历一下。

到底是什么使得模糊悲伤者的体验与众不同？还记得那个让我烦恼的阶段吗？那个我无法分辨也无法正确命名的阶段，在悲伤的各个阶段里来去自如，让人捉摸不透。这个阶段隐隐传来击鼓声……那是希望的感觉。你感到惊讶吗？我很惊讶。对我来说，这一发现似乎是一种背叛。

虽然我们想拥有希望，我们也需要希望，有时希望是我们的全部，但是，我很快发现，希望并不像我们所期待的那样。事实证明，正是这一情绪阶段主导了我在整个悲伤阶段的体验，它把我耍得团团转。"希望"的同伙（讨价还价、愤怒、抑郁等）有时也会轮流粉墨登场，中间没有明显的过渡，这让我陷入无休止的悲伤之中。还记得吗？旅程中的每一站都有我访谈的故事。这一站的开头，我会告诉你"我的同伴"的故事，告诉你我是怎么找到她们的。我曾在沙漠中央与这些充满韧性的女性一起参加团体治疗，我从她们身上找到了关于希望的第一条线索。

性爱怪物营

"我想找到我的同伴。"我痛哭道，对着电话抽泣，电话那头是我的朋友斯蒂芬。她尽力安慰我，并提了一些建议。但是隔着 500 英里，她能做的也很有限。距离发现丈夫出轨已经有几个月了，但我还是感到很混乱，令人窒息。"你是说你想回家待一段时间吗？"斯蒂芬问。我直截了当地回答："不是。"当我告诉她我需要找到同伴时，我并不是想回家，但是我能理解她为什么会这么想。我在美国中西部生活了大半辈子，3年前我搬到了陌生的南方，在这里，我一个人都不认识。斯蒂芬觉得我哭泣是因为思念家乡的朋友和家人，希望得到他们的安慰。她也没有全错，我确实很想念他们，也很需要他们。我想，如果没有搬到离家乡 12 小时车程以外的地方，我遭受的打击会不会轻一点？至少当地有些熟人会帮我度过这些黑暗的日子。而在这里，每天的日常事务让我应接不暇：

没完没了的拼车、初中和高中孩子的作业、足球训练、准备饭菜以及每天遛2次狗。事实上，在这些特殊的日子里，我说的同伴是指和我同病相怜的人——他们也曾遭受背叛，虽然心碎却只能偷偷哭泣，为自己无法理解的丧失暗自伤悲。我知道一定有这样的人，他们和我一样感到迷茫，悲伤到喘不过气，处于迷失自我的边缘。我迫切地想知道这到底是怎么回事，同时渴望得到理解。我的内心极其分裂，既想在情感上帮助即将离婚的丈夫，又不想再见到他。我每周都要去艾米的办公室进行心理治疗，但是进展缓慢，也没有一本指南告诉我，除了心理治疗以外，我是否还有其他选择。

我已经下定决心开启申请离婚的程序，但是不知道下一步该怎么做。我觉得需要找一些亲历过这些情况的人，他们应该比较有经验。我希望他们向我走来，带着一本操作指南，上面写着各种注意事项，告诉我"该做什么和不该做什么"，并且在旁边附上详细的注解。经验丰富的过来人写的操作指南，肯定会帮助我安全地躲过悲伤发起的攻击，使我得到疗愈。

我泪流满面，向斯蒂芬哭诉："我可以怎么帮助自己？我不知道下一步该怎么办，也不知道从何做起。"

"有一个机构对我帮助很大，你可以试一下。"当我的抽泣声逐渐停下之后，斯蒂芬对我说。"这个机构主打成瘾治疗，但是他们在其他领域也很擅长。20年前我的哥哥自杀后我去过那里。他们在帮助遭遇创伤的家庭方面做得非常好，我相信他们会帮到你。这个机构在亚利桑那州——当你处于沙漠之中，会感觉到自己被疗愈了。"

斯蒂芬是对的。我给这个机构打了电话，得知他们有一个为期5天的情感创伤疗愈工作坊很适合我。这需要很大一笔投资，但是默默对比了我在丈夫的邮件里发现的账单——约会晚餐、送礼物和度假的花费，我瞬间觉得这个价位很划算，自己配得起这样的投资，所以，我马上预定了最近一场还有名额的工作坊。

到达梅多斯（the Meadows）之后，办理入住时我收到一张地图，上面用红色的×标明了上课地点。我很快就找到了那幢小建筑，它坐落在一个小山顶上，与主校区之间隔着半英里长的岩石地带和一排参差不齐的仙人掌。以前这里是一个经营得不错的养牛场，10年前机构买下这块土地，并重新规划这幢建筑的用途，用于接待门诊病人。当我接近山顶，还有几步就到达这幢建筑时，我被眼前的风景惊呆了。天空蓝极了，眼前小屋的屋顶与天空连在一起。周围热浪滚滚，没有一丝凉风。山下土地广阔无垠，向四面八方延伸。梅多斯为我献上了众多礼物中的第一件礼物——眼前的美景。这幢小建筑没有入口通道或门廊，所以一进门就是团体活动的空间，比大学宿舍大不了多少。那里已经坐了4位女士，只有两张椅子还空着。我在中间的椅子上坐下，但马上就后悔了。我还没来得及换位置，很快就有一位女士走了进来，并坐在了靠近门口的最后一张椅子上。我非常羡慕她，因为她的位置离门口最近——这是可以最快逃离工作坊的位置。我们静静地坐着，耐心等候活动带领者的到来。房间里立着一个开放式的大储物柜，仿佛正注视着我们，柜子上只放着盒装的纸巾，数量多到数不清。我扫视了一下几位同伴，发现每个人脸上似乎都戴着面具，都在假装镇定，因为我自己也戴着同样的假面具。另外两位女士进来了，她们是我们的活动带领者。（是咨询师吗？还是教练？他们是做什么的呢？）她俩都很漂亮，散发出一种长辈特有的慈爱，在大家开口说话前就营造出一种轻松的氛围。其中一位女士向我们热情地笑着，介绍她的名字叫南希。她邀请我们进行自我介绍，说说我们来这里的原因，以及我们对活动的期待。她的同伴伊丽莎白带头，按照以上要求进行了自我介绍。我以为她们会询问谁第一个进行自我介绍，或者会借助一些小小的鼓励推动大家第一个发言，结果没有。伊丽莎白讲完后，过了一会儿，我不知为何站了起来，向大家吐露了心声。

"我叫斯蒂芬妮。我的婚姻出了问题，我为此感到非常难过，目前我正在启动离婚程序。来这里是因为我特别想见在座的各位——我的同伴们。"说完，我向大家张开双臂。

"谢谢，斯蒂芬妮，感谢你来到这里。谢谢你第一个发言，非常勇敢。"南希说。然后，她向我微微点头："你现在可以坐下了。"我这时才意识到自己站在团体成员的前面——在两位带领者中间，离我的椅子很远。一个接一个，大家都做了自我介绍。有些人不太确定自己为什么来这里，她们不愿相信自己需要参加这样的活动。有一位女士说话的声音非常小，以至于南希不得不让她重新说了3次。另一位女士接着发言，跳过了南希给我们的命题作文，没有按照发言格式做自我介绍，而是出人意料地开始分享一些令人震惊的细节。南希非常巧妙而又充满怜悯地打断了她，可以看出南希不是第一次处理这样的情况。过几天我们就会知道"过度分享"（oversharing）是一种创伤反应。但是在那一刻，这段冗长的自我介绍让我觉得自己表现得还可以，所以我感觉好多了。自我介绍结束后，我突然想道：（1）我们所有人都曾遭受背叛，目前正经历悲伤；（2）她们确实是我的同伴；（3）只有我站起来讲话，其他成员都是坐在座位上发言的。

伊丽莎白给我们每人发了一本手册，后面的活动我们都会用到它。这本手册看起来有一种学术创新的感觉，甚至闻起来都有这样的感觉。它会帮助我们理解自己的体验。翻阅着新印刷的还带着墨香味的页面，我看到了大脑的结构图以及大脑的工作原理，此外还有很多我不理解的词汇，例如"煤气灯效应"（gaslighting）和"认知失调"。上面还留了供我们写反思的互动页面，方便我们写下问题的答案，例如"你错过了什么信息"。然后，我们的第一次团体活动开始了。

中午休息前，南希邀请我们多分享一些关于自己的情况。一个接一个，情况各不相同的团体成员纷纷开腔。1个小时后，我感觉这几个月来从未如此放松。6个团体成员有着各种各样的身份：祖母、继母、家庭主妇、退休人员、高管、回国的工人。每个人来到这里的原因也各不相同：有些是像我一样意外地发现了伴侣出轨，有些则是通过对方坦白、同事发现或者匿名人提供线索而得知真相。那张靠近门口、令人艳羡的椅子上坐的是露西尔，在一年一次的体检中，她从医生那里得知了令人震惊的事实：她染上了性病。一开始，她的丈夫否认自己有性病，认为她的性病不是他传染的。后来她的丈夫终于坦白，承认结婚后曾与上百名性工作者发生关系。露西尔说："他也在看心理医生，也对自己的心理医生撒谎了！"她紧握颤抖的拳头，不停地捶打自己的大腿。露西尔并没有利用位置的便利逃离工作坊。不过即使她这么做，我们也不会说什么。

和露西尔一样，我们其他人——玛丽亚、帕特丽夏、黛安、玛雅和我——都很生气。

玛雅是最后分享自己故事的人。她轻声细语，讲述了自己和英俊成功的丈夫之间的故事。我们大部分人听起来都很吃力，但是，我们所有人都坚持听完了。她最后总结道："所以，他现在真的很生气，说我把他塑造成一只怪兽，说我参加的是'性爱怪物营'。"也许是因为玛雅的嗓门越来越大，也许是因为她模仿丈夫说话的样子，也许是因为"性爱怪物营"这个名字本身太搞笑，房间里爆发出一阵笑声，连玛雅也笑了起来。有人打趣道："性爱怪物营！我们要定制一件 T 恤才行！"说着说着，经历模糊悲伤的姐妹们不知不觉地形成了一个女性团体，成员从 37 岁到 72 岁不等，但都带着千疮百孔的心。

尽管我们得知真相的方式各不相同，但我们之间有一些共同点，包括我们都受到了伤害，以及没有人曾对导致悲伤的事件起疑。还有一个共同点是，尽管我们都承受着背叛的创伤，但我们每个人对未来都有不同的想法。法律上我们都还没有离婚，都在采取不同的行动，例如分割共同财产、没有分居但在经济上已经分离、离婚、宣告婚姻无效和继续延续婚姻。我们都认为，唯一不确定的因素是我们回去后丈夫的反应。但是带领者提醒我们，此刻我们不需要做任何决定。无论如何，我们还有好几天时间来获取我们所需的信息，帮助我们做出最佳的选择。

在参加这次工作坊之前，我试图向一位朋友解释，背叛的创伤和我未知的悲伤之间存在细微的不同，而这种不同对我产生了很大的影响。

"失去你自以为拥有的未来是一种痛苦，"我解释道，"而失去你自以为拥有的过去是另一种痛苦。最重要的是，我不但不恨他，反而很想念他。"我的朋友点点头，似乎在说："我能理解你的感受。"但她脸上极力掩饰的困惑告诉我，她并不理解。我想，她又怎么会理解呢？拥有健康关系的正常人没有必要去质疑他们的过去是否真实。但是，当我和我的同伴分享同样的感觉时，所有人都点头表示同意。她们真的能理解我的真实感受——我能感觉到自己被深深地理解了。

我通过这次的团体工作坊找到了我的同伴，你可以通过其他方式寻找你的同伴，比如通过网络寻找线上或线下的支持团体。在找到最合适的团体之前，你可能会走一些弯路，这很正常。在参加团体之前，先弄清楚自己对团体的期待，弄清楚自己想在团体中获得什么，这样做对你有帮助。例如，你是想弄清楚事情的来龙去脉，还是想获得归属感、勇气和友谊？

作为镜子的同伴

随着大家每天分享的内容越来越多，我发现不是只有我一个人曾对抗抑郁药物产生抗拒，也不是只有我一个人想通过冥想缓解情绪，这让我感到一丝安慰。尽管大家的故事各不相同，但我们都渴望好起来，渴望从思想的牢笼中解脱——我们一直在自我禁锢，独自思考我们无法解决的问题。我们感到绝望，一定程度上是因为我们还对过去心存希望，试图证明过去的一切都是真实的，并想从海市蜃楼般的婚姻中寻找一丝意义。跟其他 5 个人一样，我花了无数时间剖析过去多年的记忆，分不清在这段关系里哪些是真的、哪些是假的。起初，我的大脑一直在努力弄清楚所有这一切的意义，将过去 20 年的各种生活场景拼凑在一起。我会翻阅照片，从中寻找在真实生活中我可能会错过的各种蛛丝马迹，或者在脑海中不断地回放我们之间的对话，将各种矛盾的点串联起来——试图与背叛者和解的人经常玩这个游戏。我很讨厌玩这样的游戏，尽管我很想停下来，但是我做不到。很明显，我的同伴也沉迷于这样的心理游戏无法自拔。无法将新发现的残酷事实与过去进行整合，这是我们共同绝望的根源。

在那一个星期里，我们坐在山顶老农场主的小屋里，围成一个半圆。我们的带领者很有技巧地引导着我们的谈话，不断地指出重点，并且一直对我们进行鼓励。她们讲了一些很基本的心理学知识，我以前学过，但现在早已忘光了，例如悲伤常见的应激反应以及管理情绪的技巧，还有大脑是如何工作的、某种行为产生的原因以及大脑的应对机制等。我们用软式球棒击打软式积木，用白纸和声音表达我们的悲伤。我们回顾了自己的过去和关系模式，通过令人泪流满面的仪式释放我们的愤怒，在每个人读出自己的痛苦清单时默默地互相支持。在最后一天，我们终于明白，我们无法改变过去，也无法预测将来，但是我们能够选择如何应对悲伤、创伤以及规划新生活。最后，我们每人拿了一盒纸巾，离开了小屋，围坐在户外的篝火边。在这里，南希和伊丽莎白引导我们进行最后的释放。很快，我们都抽泣起来，每用一张纸巾就讲述一种独有的痛苦。纸巾擦掉了每一滴神圣的眼泪，最后，一张纸巾也没有剩下。我们一起默默坐着，筋疲力尽，但当看到我们的带领者慢慢地将沾满泪水的纸巾铲进火里，纸巾被烧成灰烬，我们充满了力量。我们彼此道别，承诺要保持联系，然后离开沙漠前往归途。

在线团体治疗小组

回到各自的生活后，我和同伴们通过电话会议或者群信息保持联系。尽管我们分散在四个不同的时区，但是我们的友谊却与日俱增——随着时间的推移，我们的联系更加紧密。在第一次电话会议中，黛安分享了自己以及婚姻的近况。尽管她还不确定未来会怎样，但是就目前而言，她坚持保持分居的状态。分开住可以让她获得物理和心理空间，用来关注和照顾自己。她分享道："我还有很多事情需要处理，不仅仅是婚姻，还有我自己。我一个人住，可以更好地关注我自己、我的想法、感受和渴望。"从她告诉我们的情况可以得知，她的丈夫似乎也在利用这段时间关注自我。我们知道他也有自己的同伴：一些在婚姻中有类似行为的男人，每周都会聚在一起参加几次团体治疗。他希望黛安也这样，这正是她来沙漠参加团体工作坊的原因之一。他目前正在询问黛安是否愿意一起参加婚姻辅导。黛安的丈夫把咨询议程（包括个体咨询）安排得满满的，以保证一周的每一天自己都有事可做。尽管黛安分享的并不多，但是给我们所有人提供了一个新的思路，也引发了许多后续的讨论。

我们每周进行一次电话会议，这成为我们在家就可以进行且没有带领者的团体治疗小组。这并不是最理想的治疗形式，但这正是我们所需要的，所以小组才应运而生。在大家相聚的时间里，我们彼此汇报最新状况，分享见解和资源。我们从不评判和指责对方，而是作为一名见证人给予聆听和支持。我们团体里的每一个人都是彼此的镜子，可以看见并反馈一些不容易被发现的行为线索。这样诚实的反馈对我来说至关重要。在诱发事件发生一周年的日子里，我当时躺着的那块地板又出现了，它夹杂在一些被遗忘的片段里向我袭来。

这些记忆片段就像晚间新闻播报一样被剪辑出来，而我就像正在进行现场直播一样，既当事件的主角又当新闻播报员，从那天早上的疑问开始给观众进行详细的播报，一直播到事件的最新进展。我忙于检查每一段记忆，把它们当成充满希望的新线索。也许，其中某一段记忆就是我缺失的那部分，是弄清楚这一切的关键信息。但是，当我在每周一次的电话会议中把我的发现告诉同伴时，帕特丽夏把我拉回了现实。她自己正一路走向疗愈，拥有丰富的经验，她温和地提醒我，周年日这个特殊的日子容易触发这样的回忆。但是我不这么认为，所以当她提醒我不要重蹈覆辙，否则会再次进入以往的思维旋涡时，我没有理会。我尊敬她，但我不认同她的看法。我决定把自己的想法留到 6 天后跟艾米一起讨论，我觉得艾米不但会说"我明白"，可能还会为我的探究精神感到骄傲。

与此同时，那些精彩片段也会在我的梦里播放，而白天我变得越来越焦躁不安。记忆的画面变得更加生动，怎么也挥之不去。无论是药物治疗、冥想还是设定意图都无法让我平静下来。当我最终和艾米见面，并向她诉说发生的一切时，艾米的反应并非我所期待的那样。她不仅站在帕特丽夏那一边，不支持我的观点，还质问我为何会觉得揭露更多痛苦的细节可以帮助我痊愈——我还没从惊讶中回过神来，她又给我沉重一击。

艾米解释说，被压抑的记忆浮出水面，是经历创伤事件后的常见现象，这种现象一般会被纪念日、声音甚至气味等体验诱发。面对这些记忆没有错，但重要的是理解背后的意图。为了获取更多信息而试图挖掘一些具有伤害性的回忆是不明智的。但是，我们可以换一种方式处理这些有害的回忆。和我进行沟通后，她建议我尝试眼动脱敏治疗。这是一种交互式的、需要保持高度专注的治疗技术，主要处理"卡"在杏仁核的记忆，而杏仁核主要负责控制"战斗或逃跑"等应激反应。"眼动脱敏治疗本质上是释放记忆的，而通过这种方式释放的记忆可以被大脑的其他部位处理和整合。"艾米解释说。我点点头，表示很感兴趣。"不是每个人都适合这种疗法，但我相信它会对你有所帮助。斯蒂芬，我希望你听清楚这一点：这是一项艰难、令人耗竭的工作。"我的好艾米真是一个爱操心的人。

尽管最初我并不同意帕特丽夏的观点，但我很快发现，我否认这个观点，事实上是因为我不希望这是真的。其实她是对的：遗忘的记忆会重新浮现是因为周年日。而且，经过每周一次的眼动脱敏治疗，2个月后我发现艾米有两点也说对了：眼动脱敏疗法是非常艰难和令人耗竭的工作，但是它确实对我有帮助。尽管每周都要让那些潜意识层面的记忆重现是一件非常痛苦的事情，但这可以让我有目的地审视每一段记忆，并安全地对他们进行处理。眼动脱敏疗法并不会将回忆抹去或者移除，但它可以让我客观地看待回忆，就像一个旁观者，可以觉察和共情。我已经剥离了第一视角，所以这不再是"我"的体验。我现在只是一个观看精彩报道的观众，不再是主角。通过这种方式，我可以对这些记忆片段进行"归档"，从一个安全的距离对它们进行观察，这样它们就不会伤害我。能够以这种方式看待我的经历具有里程碑意义：它不仅对我的神经系统和创伤性记忆进行"分类和归档"，还减轻了我的悲伤。悲伤还在，但是没有那么强烈了，就像它放下了扩音器，开始用内在的声音轻柔地进行表达。现在这些记忆已经被安全地储存起来，我开始怀疑是否还有空间容纳新的记忆。

你好，希望

距离在山顶小屋的第一次相聚已经过去 12 个月了，"性爱怪物营"的女士们回到沙漠，一起度过了一个放松的长周末。没几个小时，我就想到了那种情绪的名字。我清楚地听到内心深处发出的声音，我相信这是真的：它的名字叫希望。原来那一直都是希望，除了愤怒、否认、讨价还价、抑郁和接纳，我们当中的每个人都想表达或证明：我们也经历过希望。希望是悲伤阶段的重要组成部分，但它出现的方式并不美好。

因为我们每个人所呈现的希望各不相同，所以最初我没想到它们原来都源自同一个情绪阶段。但就像龙生九子，同一对父母生出来的孩子在外貌和行为上可能会截然不同。我们都心怀希望，但我们都将它装扮成不同的样子。我们将希望打扮成一个纸娃娃，用服饰、头发、鞋子等混搭出无数模样，但没有一种模样让我们感觉完美，对此我们不愿承认，而是重新进行搭配，认为正确的组合总会出现在我们面前。我们不断尝试，结果我们的希望变得越来越支离破碎。我们是心怀希望的矛盾体，被各种关乎我们的挚爱、我们的处境以及我们自己的冲突情绪和强烈情感影响。对于某些人来说，希望表现为焦虑的恐惧、遭受苦难或者带有攻击性的愤怒；对于另一些人来说，希望是美好的愿景和令人欣慰的想法。而对于所有人来说，希望总是我们讨论的核心：我们希望与丈夫和解；希望他们娶到一位满口谎言的荡妇；希望孩子们永远都不会知道真相；希望孩子们知道真相；希望自己可以重塑自我，开始新生活；希望永远不会再见到我们的丈夫；希望他们会改变，回到我们身边；甚至希望他们真的已经离开这个世界，这样我们就可以在亲朋好友的见证下，像一名普通的寡妇一样为他们守灵，以此寄托哀思。

我们一直没有停止怀抱希望，但愿你也是。

练习 11：你的希望是什么？

在脑海里想象你失去的挚爱。你所希望的是什么？在接下来的 5 分钟里，请尽可能多地写下你的希望。不用评判自己或者反复思量。保持安静，尽可能多地写下你的希望。如果有必要，可以休息一下，等你准备好了再继续。我们稍后再来讨论你写下的内容。

我希望……

模糊悲伤中的希望

通过聆听其他模糊悲伤者的故事，以及持续与我的同伴进行对话，我形成了关于希望的观点：这是模糊悲伤中的一种体验。我把它告诉了几个值得信任的人，包括艾米和索菲亚·考德尔博士。如前所述，我们终止咨访关系后，一起讨论了我关于希望的假设，后来决定组成团队对此进行探索。我们创建了一套评估工具，还对400多位被试进行了调查研究，发现了一些关于模糊悲伤和治疗过程的有趣结果，这些结果为模糊悲伤过程模型的建立提供了依据。

你是否以健康的方式对待你的悲伤？

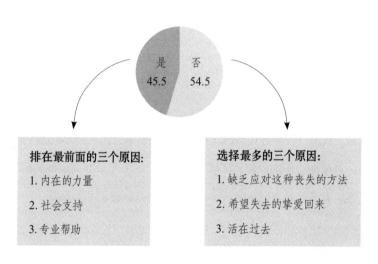

排在最前面的三个原因：

1. 内在的力量

2. 社会支持

3. 专业帮助

选择最多的三个原因：

1. 缺乏应对这种丧失的方法

2. 希望失去的挚爱回来

3. 活在过去

我们发现，对于经历模糊悲伤的人来说，希望会以两种不同的方式呈现：内部希望（关注自我）和外部希望（关注丧失的关系）。此外，我们发现模糊悲伤者会在这两者之间来回穿梭，每次停留的时间都不一样，没有固定的模式。受访者是否能以健康的方式对待悲伤的原因让我感到惊讶。那些没有以健康的方式对待悲伤的人普遍认为他们缺乏应对这种丧失的方法。这种情况帮助我从宏观角度建立了对悲伤的理解：这证明我们对丧失、丧亲、悲伤和哀悼谈论得太少了。我们现在与外界的联系比以往任何时候都要紧密，但是很多内心正遭受痛苦的人却变得更加孤立无援，无法驾驭自己的悲伤——这种悲伤经常被其他人忽略，有时甚至被我们自己忽略。我们生活在一个资讯发达、科技进步的现代社会，很容易与外界进行联系，然而，我们却缺乏与内在沟通和自我疗愈的能力。

最让我感到惊讶的是，人们经历模糊悲伤的时间如此之长，以及他们花那么长的时间期盼原有的关系可以修复——有些人期盼了10年甚至更久。

为了充分地了解希望如何、为什么会影响模糊悲伤者，以及对治疗起帮助作用和阻碍作用的因素是什么，我开始跟随自己的好奇心独自进行探索。我通过各种方式寻找线索，包括对临床工作者和作家进行访谈，从经历过模糊悲伤的人那里获取观点。这算不上一项面面俱到的研究，但是我的发现可以帮助我以一种新的方式理解希望之间的不同。

关于希望的调查研究

在我针对希望这一主题进行的专门的调查研究中，我将希望定义为一种期待、一种渴望关系回到从前的感觉。调查结果揭露了一些鲜为人知的情况：尽管很多人都心怀希望，但是大多都无功而返。研究对200多位曾有过希望体验的受访者进行调查，结果显示：

• 56%的人表示外部希望行为出现的频率为"一天几次"到"一

月几次"。

- 41%的人表示他们"没有或者很少"出现外部希望行为。

- 94%的认为他们与挚爱的关系没有回到从前。

经历外部希望的时间长度

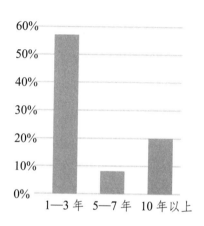

调查

在接受调查的400多人中，94%的人表示他们曾经或者正在为失去尚在人世的挚爱而悲伤。

两种希望

57%的人表示外部希望更多，13%的人表示内部希望更多，而30%的人两者皆有。

不幸的是，这并不意味着剩下的那6%的人的关系真的恢复如常了——有极小部分人确实和解或者重新开始了，但大部分人并没有。这6%里包含其他因素，例如所爱的人遭遇死亡。明白这一点，我们基本可以明确外部希望对于疗愈的效果微乎其微。当我们接受这段关系不会再恢复如常（机会极小）时，走上内部希望之路就成了最好的选择。如果你对这个选择不感兴趣，我也能理解。我一开始也没有选这条路——如果事情能这么简单就解决，我们早就这么做了，是吧？

事情并不简单，因为希望也很令人困惑，尤其是在我们成长过程中，对希望的看法普遍都是正向、积极的。但是，希望跟爱情一样复杂。太多人把希望描绘得过于美好，甚至带上了英雄色彩——毕竟，希望是一种美德，它慰藉了心碎的人，激励受苦受难的人，激发他们采取行动。希望让人感觉太好了，我相信我们需要希望来帮助我们跨过一些不可预知的难关，但是我也相信需要考虑周全——这是我提醒大家注意的一点。经过对调查数据进行分析、陪我的同伴度过她们的丧失、我在经历丧失后的自我调整，以及采访其他模糊丧失者，我又有了一个令人惊讶的发现：如果模糊悲伤中的希望指错了方向，它带来的坏处会和好处一样多。

也许上面的话使你感觉自己的至亲受到了侮辱，但你并不孤单——不止你一个人有这种感觉。你可能觉得现在所拥有的只剩下对挚爱的希望，我明白这种感觉，我也曾这么以为。我发现，当我们对希望了解得越多，越清楚地知道它是如何出现在模糊悲伤过程中的，那么当它出现的时候，我们就能越早地知道我们要应对的是哪种希望。如果用普拉奇克的理论来解构希望（见第二章），我觉得希望是一种由期待＋乐观＋释然组合而成的感觉状态。为什么做选择不容易？原因就是：模糊悲伤者的希望以两种截然不同的方式呈现，希望的方向不同，去往的目的地也不同。

两条不同的希望之路

外部希望和内部希望是两条不同的路，它们都可以帮助你摆脱强烈的悲伤。这两条路虽然只有一字之差，但是它们带给你的体验以及终点却截然不同：一条路通往康复，另一条路通往持续性哀伤障碍（之前被称为复杂性悲伤，后面会再次提到）。可以这么看待希望：它是个双重间谍，同时为两边工作。有时希望会指引你，帮助你痊愈；有时希望会给你下达指令，让你在悲伤中来回徘徊。一旦能够识别正在面对的是哪种希望，你就可以自行决定如何应对。

因为这类悲伤的本质是模糊不清的，所以没有既定的条条框框帮助我们建构活动方案。在坚定地朝着最终的目的地前进之前，你很有可能在两种希望之间来回穿梭。这种左右摇摆的情况会让你感觉很迷惑、目标不明确、想待在舒适区，或者取得一点进步刚要沾沾自喜就又被拉回，再次陷入气馁。这些都是正常的，不要因此难过。实际上，有学者提出一个关于悲伤的新理论，名为双程处理模型（Dual Process Model）。它认为，这种来回摆动且具有适应性的调节功能，可以有效地应对丧亲之痛。（是不是很耗竭？）

类似地，当你作为模糊悲伤者在两种希望之间来回切换时，如果能够觉察自己的状态，你就可以改变自己的路线，或者你至少可以决定自己想做什么。在我的调查中，数据显示30%的受访者会在两种希望之间来回摇摆，包括我自己。感谢我的同伴让我全程清楚地看到大家如何一直在两条路上徘徊，在眷恋旧生活和期盼新生活之间犹豫。不过，随着时间的推移，我开始对自己的情绪、想法和行为有了更多的觉知，摇摆的频率变得越来越低。我开始敏锐地识别出我正行驶在哪条路上，可以在自制的模糊悲伤地图上找到自己的定位，这一点对我来说非常重要。

一旦到了你需要做决定的时候，这对你来说也会变得很重要。正如我们踏上这段旅程时所做的那样，我们必须判断自己所在道路的位置，以便使我们朝着期待的方向前进。考虑到这一点，让我们在这一站进行更加充分的探索，目的是帮助你在模糊悲伤地图上进行定位，看看自己正处于哪个阶段。你可以了解每一条路线，了解它们的高峰和低谷以及它们通往何处，以此帮助自己进行定位。当你这样做的时候，记录下你的想法、情绪、疑问和获得的启示。首先，我们先了解一下外部希望之路，这条路我们很熟悉，一开始比较好走，但是走不了太久。

审视外部希望

外部希望是一条让人感觉良好的路，至少在一开始它让人感觉不错。这条路让我们专注于我们所爱的人，处于守护者的重要位置。我们要么渴望过去的关系恢复原状，要么希望失去的挚爱变回过去的样子或者我们印象中的样子。由此，我们可以与挚爱保持联系。怀有外部希望的人经常向挚爱表达忠诚，花费时间和精力为挚爱忙碌，想方设法为挚爱寻求帮助，包括为挚爱研究新的治疗方案，沉迷于为挚爱寻找其他治疗方法，与挚爱就改变行为进行协商，努力使挚爱重新与老朋友或者社会建立连接，关注挚爱的行踪或者试图参与挚爱的活动。我们还会缅怀双方都熟悉的生活，通过这种方式重新与挚爱建立关系，或者试图用共同的回忆或者经历来吸引挚爱。然而，对于罹患脑创伤的挚爱，照料者用"嘿，还记得那个时候……"这样的方式来唤起熟悉感，并不是一个明智的方法——这句话是为那些被人为切断的关系准备的。从我的同伴身上，我识别出"还记得那个时候……"透露出对外部希望的渴望。

　　无论是关注挚爱的需求还是关注维持旧有的关系，通过保持关注，在路上苦苦寻觅的人试图寻找一张摆脱痛苦的通行证。这可以理解，因为关注外部带来的痛苦会少一些，就算只是虚假的依恋，也比面对痛苦的现实和彻底放手容易一些。寻求外部希望的悲伤者常常使用以下表达方式：

　　　就算这段关系已经今非昔比……

　　　我永远不会放弃他／她。

　　　我会等他／她戒掉毒瘾，恢复正常。

　　　我会用心帮他／她把病治好。

　　　解决这个问题是我的使命。

　　　我永远也不会离开他／她。

审视内部希望

　　与外部希望开始时带给人的舒适感不同，一旦踏上内部希望之路，你从头到尾都会感觉就像在陡峭的山上攀登，而且通常要在黑暗中前行。因为内部希望涉及的领域大多是未知的，尽管有时候你会壮着胆子冒险进入，但是待了一段时间后可能又会退回自己的舒适区。这是可以理解的，因为我自己也曾经历过。内部希望之路不好走，因为内部希望指向当下的自我，关注我们的生活现状，而不是我们想象的生活。内部希望可以接受关系不能恢复原状，它专注于重新构建新的生活。在这样的新生活中，虽然没有挚爱的存在，关系也没有恢复，但模糊悲伤者可以快乐地生活。在一开始，这种希望让人感觉极度痛苦，因此，模糊悲伤者需要有积极的心态。为了成功地实现内部希望，你必须拒绝一些让你感觉良好的诱惑，顶住压力把精力集中在自己身上，因为，回头选择那些充满诱惑的路也只是让我们判个缓刑，不是长久之计。

还记得黛安在我们的在线治疗团体中说到的近况吗？虽然那时还不是非常明显，但是她和丈夫的行为表明，他们大概已经走上内部希望之路。尽管黛安还不确定是否要维持婚姻关系，但从沙漠回来后，她与丈夫分居了，开始采取行动专注于自我。从那以后，她开始建立自己的养生之道，遵循一种源自内部希望的生活方式，比如每天祈祷、参加一周一次的个体心理咨询、有意识地花时间做自己喜欢的事情：品茶、在花园里莳花弄草、重温喜爱的诗歌以及学习新事物。最终，她把注意力转到婚姻关系上，接受了丈夫的邀请，开始进行婚姻咨询。在咨询中，她和丈夫都分享了自己的观点和他们对治疗的理解。在超过 3 年的时间里，他们都在积极地实践内部希望之路，专注于自己的疗愈，接受当前的现实，而不是为了自己想要的结果去改变对方。黛安花了很长时间，才自信地做出了关于婚姻的决定。每个人面临的结果以及在这个过程中所花费的时间不尽相同，因而不要关注自己花了多少时间，而要关注自己当下正在做的事情。有一个好方法就是，你可以像黛安一样尽你所能地照顾好自己。

追寻内部希望的人通常将时间和精力花在自我关爱的活动上，如同挚爱不存在那样将重心放在自我关注上。这些活动包括：通过锻炼或打扮关注自己的身体；探索一些能给自己带来快乐、激情、平静或满足的新活动；加入一些新的社会组织、团体；为自己策划一些庆祝活动，例如举办生日派对等；参加能提升整体幸福感的其他活动。追寻内部希望的人常常使用以下表达方式：

就算这段关系已经今非昔比……

我会关注我自己。

我会活在当下。

我会创造自己喜欢的生活。

我将乐于结识新朋友，尝试新事物。

我会渡过难关，获得成长。

在两种希望之间左右摇摆

这两种不同的希望并不是非此即彼的关系，它们并不相互排斥，而是可以同时存在。记住，在两者之间花费大量时间来回切换是很正常的。尤其是外部希望要比内部希望让人感觉舒适得多，如果你已经在布满荆棘的内部希望之路上取得进展，突然又想放弃，转到较为舒适的外部希望之路，这很正常。对于有依赖倾向的人（对伴侣有着过度的情感或心理依赖，通常指需要支持的一方）来说，外部希望这条路更好走一些。在它们之间左右摇摆的轨迹就像数字"8"，如同一个两条希望之路无缝衔接的高速公路系统。在数字"8"中，内部希望在上部，外部希望在下部，而在两者的交汇点中，全是那些犹豫不决的悲伤者，他们甚至都没有意识到自己正处于人生的交汇处。

　　将我们的精力和关注点放在挚爱身上，换取某种不真实的感觉或者虚伪的人设，这不是一种健康的悲伤应对机制，甚至在生活中也算不上健康的处理方式。相反，尽管内部希望需要花费更多时间，但你做得越多，它就变得越不费力。这并不是说你会发现这是一次轻松的旅行，其实并不轻松，但是它会给你带来更多快乐，并带着你朝康复的方向前行。尽管总有一种希望相对占优势，但是每个人身上都存在两种希望。花大量时间左右摇摆的悲伤者很容易被识别，因为他们充满矛盾。他们内心总是在打架，两条路都坚持不了多久，因而在两个方向都很难取得进展。你可以通过留意自己的想法和行为寻找左右摇摆的线索。某天你可能会下定决心，筑起牢固的城墙，但没几天城墙就土崩瓦解。你可能会与自己或者挚爱发生冲突，在躁狂和抑郁之间来回转换。最重要的是，持续摇摆花费的时间太多，而代价又极其昂贵，会导致精神、身体和情绪的耗竭。

确定你的位置

　　基于对上述内容的了解，想想你在地图上的定位在哪里。你能对自己的行为和情绪进行识别，确定自己是倾向于外部希望还是内部希望吗？也许你正缓慢地在两者之间切换，或者在"8"字高速公路上超速行驶，穿过两条路的高峰和低谷，以无休止的疯狂模式兜圈子，而在整个过程中你自己也晕头转向。让我们通过以下练习确定你目前的位置。

练习 12：确定你的位置

你是以外部希望为主，还是以内部希望为主？或者是在两者之间摇摆？请返回"练习 11：你的希望是什么"，回顾一下你的希望。仔细阅读你写下的每一条希望，如果是关于你自己的希望，标上"I"；如果是跟挚爱有关的希望，标上"E"。标记完成后，分别把"I"和"E"的总数算出来，把得分写在下面。

内部希望 _____

外部希望 _____

得分更高的希望正在主导你康复的方向。如果两者得分相等或者非常接近，说明你正在两者之间摇摆。

现在，请完成以下句子，确定你所在的位置。

在模糊悲伤的地图上，我目前处于 _____。

记住，你只是在收集信息，答案没有对错之分。你要诚实地面对自己所处的位置，这样你才能决定自己想去往何处。如果不能如实地了解自己目前的状况，你就无法规划前进的方向。现在你已经知道自己所处的位置了，下一步就是评估你有哪些选择。先休息一下，当你准备好的时候，我会列出三种不同的选择，并提供关于终点的具体信息，以便让你决定下一步怎么走。

做一个决定

你已经确定自己目前所处的位置，现在你需要做一个决定。我要事先声明，做出这个决定可能不太容易。当然，这不是你第一次做出艰难的决定，你也不是第一个面临艰难抉择的人。我们知道，几千年来，人类总是要面对艰难的抉择，而古希腊人早在公元125年就开始研究情绪和决策。那时，有一位名叫爱比克泰德（Epictetus）的斯多葛学派哲学家，其学生根据他的教学内容整理编写了《手册》（*Enchiridion*）一书，该书被翻译成"手边的书"，也就是我们今天所说的"手册"。它提供了53条实用的准则，教导读者如何过平静和高尚的生活，以及如何在生活中知足常乐。第一个准则是斯多葛学派对个人能力的阐释，模糊悲伤者可加以利用，将其作为治疗的工具。

第一个准则："有些事情在我们的能力范围之内，有些则在我们的能力范围之外。意见、目标、欲望、厌恶等都在我们的能力范围之内，总而言之，属于我们自己的事情在我们的能力范围之内。身体、财产、名誉、职位等都在我们的能力范围之外，总而言之，一切不属于我们自己的事情在我们的能力范围之外。"

换言之，任何时候都要确定什么是你可以控制的，什么是你无法控制的。

第二个准则：此外，爱比克泰德告诫道，我们做出的选择会带来相应的情绪，无论是尝试控制我们能力范围以内的事情，还是接纳我们能力范围以外的事情，都会带来情绪。他写道："绝不允许自己贪得无厌，绝不；要懂得舍弃，有舍才有得。如果你已经达到了一些目的，又想同时拥有权力和财富，你会顾此失彼；最终你会因此失去获得快乐和自由的途径。"

第三个准则：爱比克泰德认为，所有不愉快的体验都跟看待事情的角度有关，所以为了学以致用，我们还要遵循最后一个准则，就是要接纳和远离我们无法控制的事情。"用你现有的准则去检验它，"他写道，"最重要的是，辨别出它是否在我们的能力范围内；如果超出了我们的能力范围，请做好准备跟自己说：这对我来说不算什么。"他认为，斯多葛学派的哲学理念非常重要，人们应该熟烂于心。他的目的是让这些准则在人们的意识中变得根深蒂固，需要的时候就可以顺手拈来。

如今，我们知道爱比克泰德是一位万人敬仰的哲学家，他是如何成为大师的？这值得我们思考。我认为其中一个原因是他对苦难的诠释，在他的学说中，对苦难这一不可避免的生命历程提供了行动指南和真知灼见。爱比克泰德出身于奴隶，受尽虐待，这段苦难的经历为他思想的形成提供了土壤。请记住，他不是一个出身名门或者家里有权有势的孩子，他的成就并没有这些资源的支撑。他以一种更重要的方式验证了自己的思想：他是一名奴隶，只能靠自己学会缓解痛苦——他是实践出真知的专家。他的经验并不是道听途说得来的，而是对自己走出困境的总结。他将自己的经验和体会融入自己的学说，这就是为什么他的思想更容易引起共鸣并流传至今。他的思想曾帮助过我，让我积极地面对现实并寻找个人力量。

练习 13: 分类和归档

根据斯多葛学派的哲学观点，我们要面对现实，所以请回到你的希望清单，对每一个希望都进行分类，并归档为两份"文件"：在你的希望中，哪些在你的能力范围之内，哪些在你的能力范围之外？

能力范围之内的希望：_____。

能力范围之外的希望：_____。

面对现实可能很痛苦，但这是醍醐灌顶的行为，可以帮我们理清思路。你已经将能力范围之内和能力范围之外的希望进行了分类，接下来如何处理这些信息完全取决于你。

应该去往何处？

对希望进行分类和归档之后，想象一下，我们正处于人生的分岔口，面临抉择。如果你对自己的选择信心不足，或者迟迟做不了决定，请用斯多葛学派的哲学观点审视每一个选择，留意每一条路去往的目的地和最终带来的结果。这样，你就可以更加坚定自己的选择或者澄清自己的思路。

选择 1: 外部希望

我们的第一个选择是外部希望。我们知道，当一个模糊悲伤者把关注点放在挚爱身上而不是自己身上时，进入内部希望的次数会逐渐减少。随着自我关注的减少以及仅存的内部希望被消耗殆尽，她们的关注点会转移到外部，集中在挚爱身上。当然，关注并帮助我们爱的人是很正常的，但是介入的时间和程度值得我们留意。人在丧亲之后，悲伤是常见的反应之一。大多数人在失去亲人之后，可以重新适应生活，恢复健康，但并不是每一个遭遇丧亲的人都可以走出来，这就使得了解外部希望可能导致的后果变得异常重要。

外部希望的风险和后果

有些人失去亲人12个月后仍极度悲伤，也有人呈现出来的悲伤与现实发生的事情不成正比（以文化或其他标准进行衡量）。对于他们来说，除了外部希望以及左右摇摆，可能还发生了其他事情——他们有可能罹患持续性哀伤障碍。它是一种持续而广泛的悲伤反应，以持久的渴望或思念为特征，并伴有以下8种症状中的3种：怀疑、强烈的情感痛苦、自我认同混乱、回避提及诱发事件、麻木、孤独、无意义感以及难以保持正常生活。对于模糊悲伤者来说，如果在外部希望上停留太久，可能会使我们罹患持续性哀伤障碍。

如果患上持续性哀伤障碍，丧亲者容易在情感上陷入困境，无法以健康的方式适应悲伤。他们难以理解痛苦的来源，或者感觉无法将自己从丧失中剥离。丧失可能会占据他们的全部生活，他们唯一想谈论的话题似乎就是丧失，或者刚好相反，他们无法接受丧失，根本无法面对这一话题。他们可能会觉得生活已经成为过去时，而未来毫无希望。

这些文字读起来是不是感觉很沉重？试想一下，生活在这样的状态是怎样的感觉？换位思考，我认为没人愿意选择进入这种泥潭深陷的状态。如果确实如此，我们应该对那些滑入水中的同伴施以援手。他们可能不知道自己深陷其中，或者不知道如何爬出来。通过学习，我们可以帮助彼此了解持续性哀伤障碍的症状，认识到这并不是模糊悲伤者所特有的疾病——所有悲伤都有可能演变为这种疾病。那些正在经历持续性哀伤障碍的人经常使用以下表达方式：

我不知道发生了什么，我一直在想，我可以做些其他事情吗？

我还保存着他/她喜欢的杂物，餐桌上还给他/她留着位置。

我无法思考其他事情。

我觉得没人能够理解为什么我还在挣扎。

我的痛苦和最初一样强烈。

如果你意识到自己或者你的挚爱正在说类似的话，请务必牢记：了解持续性哀伤障碍的特征不代表我们可以像艾米一样有资格做诊断。要小心，不要擅自对自己或者别人做诊断。相反，如果你认为自己正在经历持续性哀伤障碍，或者有罹患持续性哀伤障碍的风险，一定要寻求有资质的咨询师的帮助。要留意一些相关的风险因素：有情绪障碍或焦虑症的既往病史；失去了伴侣或者孩子；遭遇了突如其来、意想不到和强烈的丧失。请记住，不同的人、不同的关系所面对的悲伤反应都不尽相同。

选择2：内部希望

我们的第二个选择是内部希望。我们知道，内部希望是关注自我的，所以，只有当经历悲伤的人开始接受丧失的事实，才会走上内部希望之路。请记住，这并不意味着悲伤消失了，也不意味着我们不希望悲伤发生改变，而是我们认识到，改变悲伤在我们的能力范围之外。内部希望的实践者会以更加健康的方式与悲伤共处，明白悲伤是丧失的正常反应。丧失会带来各种情绪，大多是一些矛盾和冲突的情绪，能够承受并处理这些情绪的人都清楚这种不适是暂时的。与外部希望不同，走内部希望这条路一开始比较痛苦，但接近终点的时候会变得很轻松。

内部希望的风险和结果

与其他抉择一样，选择内部希望之路也存在风险。坦白说，这条路最初的代价是层层叠加的情绪变化。这可能会让你感觉痛苦和难以承受——我们正在与挚爱分离，而这可能是一段我们难以割舍的关系。逃离这段关系让我们感觉在自断手脚，但是，虽然很痛苦，做出这个选择却使我们得以生存。

走这条路需要一些额外的治疗工具，而且你也要承诺增强自己的心理适应性。对于某些人来说，这一选择令人生畏，看起来不可逾越。我猜想，选择内在疗愈，最大的风险就是要承担责任——不是为我们失去的挚爱，也不是为亲人或好友（虽然他们的意见对我们来说很重要），而是为我们自己承担责任。当我们为自己的康复承担责任时，会涌现一些可怕的问题，使得一些人不敢选择这条路。

对于我来说，这些可怕的问题是：

如果我选择了这条路，却发现这条路太难走，怎么办？

如果我选择了这条路，结果却发现更多的痛苦，怎么办？

如果我坚持前行，过全新的生活，但最后失败了，怎么办？

如果我坚持走这条路，却发现再也找不到快乐了，怎么办？

如果我永远无法康复，怎么办？

我明白，选择这条路意味着要自己编写人生故事，为自己的结局负责。选择这条路就要专注于我们能力范围之内的事情，这很可怕，尤其是我们不得不放弃挚爱才能走上这条路。但是，对于那些坚持走这条路的人来说，回报是丰厚的。内部希望是通往康复的唯一选择，在这里我们以健康的方式与悲伤共处，以我们的痛苦、丧失、经历为荣。不是每个走上内部希望之路的人都能获得治愈，但是不走这条路，就没有治愈的机会。

选择属于自己的路

现在你对两种希望已经有所了解，并且对自己的希望进行了分类和归档，那么，你选择的希望是什么？我邀请你审视自己的内心，仔细想想这个问题，一旦有了答案请马上回答。如果你仍然不是很确定，再检查一下自己做的练习，从中寻找线索。请记住，不要进行评价。下面有三个组，请将自己归到其中一组，然后根据每组的说明进行实践。

组1：内部希望之路

如果你选择走内部希望之路，请休息一下，喝点水，给自己5分钟的冥想时间。当你准备好了，我们就会在后面再见。

组2：外部希望之路

如果你选择在外部希望之路上继续前行，那我们在一起的时光基本就到此为止了。这并不代表我不理解你的决定，我知道，放手是很难的。对于一些人来说（包括我自己），放手和最初经历的丧失一样痛苦。虽然我很想让你和我一起前行，但这是你的选择。我既不能一厢情愿地改变你的想法，也不能把你从悲伤中拉出来——只有你自己才能做到。在你准备好之前，记得使用你在前面所获得的工具和方法。要知道，只要你愿意，随时可以重新踏上这段旅程。当你准备好踏上内部希望之路——我鼓励你这么做——我会和你分享一些工具，也许可以帮你减轻放手的痛苦。

组3：左右摇摆

如果你还没下定决心，不知道要选哪条路，感觉摇摆的状态还会继续，我邀请你花一些时间反思和处理自己的想法和感受。当你这么做的时候，要努力弄清楚自己为什么会左右摇摆。也许是因为你待在这种状态的时间太久了，在两种希望之间来回切换让你感觉很舒服。尽管你不喜欢摇摆，但至少你已经习惯了，知道接下来会发生什么。也许摇摆是你舒缓悲伤的方式之一，让你感觉有事可做，可以暂时从悲伤中抽离。也许你就像玛雅和我一样，我们俩都大谈特谈要专注自我，但是在通往新生活的道路上，却经历了无数次不成功的开始。每当我们花太多时间在内部希望上，只要一想到要继续前进，我们就会不可避免地被罪恶感和内疚感淹没，感觉我们这么做是在抛弃我们深爱的一切。请记住，你可以且也很可能会继续摇摆。这没有时间限制，你可以按照自己的节奏悲伤和摇摆。在你的余生，你可能会一直在悲伤中来回切换。在摇摆的同时，你也可能会在治愈的路上前进，直到康复。尽管有可能走两步退一步，节奏缓慢，但你仍然可以在模糊悲伤中踏着恰恰步走向治愈。为我们的情绪命名可以减轻痛苦，明确我们想到达的目标也有同样的好处。无论现在你感觉离快乐和幸福有多远，只要明确你的治疗目标，它就会成为你前进的方向标，在你摇摆的时候帮你重新调整定位。我知道，你现在还没准备好投身于内部希望之路，但如果你确定自己的最终目标是获得康复，我希望你可以加入我的行列。权且把它当成一次试验，而且你不会孤单——我正要开启下一段旅程。从康复的角度考虑，让我们继续阅读吧！

踏上康复之路的首要任务：承担责任

你现在拥有的工具和我当初一样，那时我也正要决定撤离"8"字环形路，准备踏上康复之路。让我们一起同行。学会寻求和接受帮助非常重要，因为一个人独自翻越这座大山很困难，而且也没有必要独自承受这一切。

请记住，你正在建立一个新习惯，这可能很难，尤其是在开始的时候。根据《英国综合医学期刊》（*British Journal of General Practice*）2018 年发表的一项研究，养成一个新习惯大约需要 10 周。考虑到这一点，请利用手头的工具帮助自己坚持下来，这很关键。坚守自己对同伴的承诺比较有效，他们不仅可以在你踏上内部希望之路的时候支持和鼓励你，还可以在你摇摆、滑入外部希望轨道甚至陷入持续性哀伤障碍的时候提醒你。

但你要明白，就跟我向艾米提过的马拉松比赛一样，只有以顽强的毅力坚持到底才能完成比赛。你不需要跑马拉松也能明白，光学习跑马拉松的知识而不进行训练只是纸上谈兵，并不会帮助你完成比赛，所以你必须通过练习跑步来提高自己的能力。在模糊悲伤中寻找内部希望就是类似的训练。它会不断地考验你，但如果你坚守承诺，鼓起勇气，循序渐进地进行训练，你肯定会到达终点。是的，这是一项需要专注和毅力的任务，但对于我这个已经熬出头的人来说，时间和努力都没有白费。

我们该何去何从？

即使知道内部希望是正确的选择，你也要有心理准备，因为你随时都可能陷入不可预见的悲伤之中。做出选择内部希望的决定可能会让你感到兴奋，但这也意味着你决定远离外部希望，你知道这种体验并不好受。虽然让你感到悲伤的外部希望已经长久地与你的生活密不可分，但这并不意味着它对你的健康和幸福有好处。通过本章的练习你会发现，与外部希望相关的行为是你与旧关系保持联系的唯一纽带，甚至是你在旧关系中的身份证明。例如，对我来说，我的身份分别是妻子、好朋友、父母、问题解决者、回忆保存者、家庭组织者、共同策划者和队友。当我的婚姻结束时，这些帽子都被摘掉了，但外部希望会让我时不时地把它们从架子上取下、戴上，以重温以前舒适的感觉。

当你发现自己重新戴上这些旧帽子，你会注意到旧身份带给自己的熟悉感又回来了。但是，因为你遭遇了丧失，你在旧关系中所承担的责任很可能已经发生改变。虽然进入旧关系会给你一种正常的感觉，甚至会让你从悲伤中解脱出来，但对你的健康和幸福并不是一件好事。例如，假设你和孙辈的关系已经变得疏离，在临近假期的时候，你会渴望戴上爷爷奶奶的帽子，计划和以前那样过节，并根据家庭传统进行准备，这种熟悉感让你感觉很好。你可能会告诉自己，你的愿望会成真，家人会回心转意，像以前那样出席聚会。但是，如果这一切并没有发生，你就会感到失望和痛苦——他们没有如约而至的事实又在你的伤口上撒了一把盐，加剧了你内心的裂痕和伤痛。外部希望就像一部穿梭机，通过这种方式短暂地把模糊悲伤者带回旧角色和旧关系中。这的确很诱人，但你也可以尝试其他适合你的帽子，它们不会让你在外部希望中打转。当你找到这样的帽子时，请记住以下几点。

• 搞清楚自己内心的想法，能帮助你做出另外的选择。当你发现自己渴望曾经的熟悉感，不妨承认自己想要回到旧角色中。例如，爷爷奶奶可以这么说："我很想邀请大家来参加一年一度的节日糖果制作活动，但我知道，他们来不来不是我能控制的事情。"当你走在康复的路上时，要允许自己表达愿望，也要接受现实的残酷。

• 尝试一项新的活动，即一项不需要考虑别人来不来，但仍然可以给你带来快乐的活动。例如，爷爷奶奶可以取消糖果制作这项传统活动，选择在这一天安排一项新活动：给儿童医院的孩子送玩具，或者为有需要的家庭购置物品。

• 提前为你的新活动做准备。如果有合适的人选，也可以邀请他们加入你的活动并做好相应的准备。享受你对新活动的期待，保持良好的感觉。例如，留意你给别人带来的快乐，也一定要接受别人对你的赞赏。

这样的新角色带来了对现有生活的高度接纳，使你不再纠结于过去的生活。无论你的外部希望只是偶尔出现还是经常出现，每次你将能量转向外部希望，都是在为过去和已经结束的关系画一条连接线，最终会让你越来越难挣脱。

这并不是说你不能与失去的挚爱建立一种新的、健康的关系，这取决于你的诱发事件。对一些人来说，关系会因为时间的流逝而改变，这时他们会经历模糊悲伤，而悲伤者会失去他们的身份，例如空巢老人，特别是那些担任家庭和孩子主要照顾者的人。担任了20多年的父母角色，当你不再像以前那样被需要时，这是一个重大的转变。你虽然渴望"过去的美好时光"，但依然会勇敢地承认这些感受以及转变观念对你很有帮助。当你的孩子已经长大成人，不再需要你半夜帮忙掖被角时，他们仍然需要你——只是需要你的方式改变了。尽管父母这顶帽子开始逐渐蒙尘，你也要压抑住自己想重新戴上这顶帽子的欲望，这样你才有机会了解已经长大成人的孩子。这会给你们双方创造全新的共同经历，建立一种新的关系，摆脱旧有关系的枷锁。

无论你是否继续与挚爱保持关系，你越早摆脱外部希望，就越有机会选择内部希望。对于我来说，我越能通过外部希望看清自己，就能越早地做出改变。最终，我的观点发生了重大转变：我不再一味地把自己和别人连接在一起，淡化了母亲、女儿、朋友等身份，而是将自己看成一个独立、独特的个体，即一个还有很长的人生画卷需要书写的中年妇女。对此，我像许多模糊悲伤者一样，感到既兴奋又害怕。我不知道接下来应该怎么做，但我愿意赌一把——我会找到答案的。

而我确实做到了。

下一件该做的事

承诺全身心关注自我，重新思考自己想要的生活，一开始你可能会觉得怪怪的。这可能会让你感到不安和自我分裂，觉得是对自己或者以前的关系的一种背叛，尤其当你习惯性地将别人的需求放在自己需求前面的时候，这种感觉更甚。

就我而言，我放弃了过去的生活，步入了新生活。我并不知道自己想要的新生活具体是什么样子，因而我常常念叨在梅多斯学到的一句话：做下一件该做的事。后来我了解到，这句话也在匿名戒酒会中被广泛使用。有时，下一件该做的事是小憩一下，有时则是抓住机会。对我来说，内部希望最神圣之处，是展开人生愿景（life visioning）。它是我最喜欢的精神导师之一迈克尔·伯纳德·贝克威斯（Michael Bernard Beckwith）博士提出的概念，对我来说醍醐灌顶。在读完他写的同名著作后，我开始练习"看到"我的未来，想象一些尚未发生的场景：我在海滩上奔跑，身体健康而强壮；我和孩子们一起欢笑，我们所有人都很开心；我为能给社区做出贡献的工作感到骄傲；我登上了优胜美地的半圆顶；我甚至到达珠穆朗玛峰；最困难的是，我被一位有着强壮臂弯和美丽心灵的男士揽入怀中。

我每天都会花一些时间来想象这些画面，我静静地坐着，关注每个愿景，直到感觉它们似乎已经发生在我身上。我喜欢这种感觉，并渴望获得更多。为了满足我的好奇心和解答各种疑问，我开始通过阅读、听播客、看访谈节目涉猎更多，这滋养了我的思想、身体和灵魂。我生活在内部希望中，开始看到自己的新生活，而我非常喜欢自己看到的生活。

第四章

内部希望、监禁与放下

改变的秘诀在于全力以赴构建新的生活，而不是纠结于过去。

——丹·米尔曼（Dan Millman）

1921 年，为争取印度脱离英国统治，非暴力不合作运动的领袖圣雄甘地在第二次入狱前，呼吁他的追随者继续坚定地致力于和平抗议。随着运动的升级，英国的支持力量迅速增强，甘地在《青年印度》（*Young India*）周刊上写下了自己的体会："我的灵魂往一边拉，我的肉体往另一边拉。我们可以不受这两种力量的影响，但要做到这一点需要经历缓慢而痛苦的过程。只是简单机械地拒绝合作，无法到达这种自由的境界，必须通过超然的方式采取智慧的行动才可以。"

你在模糊悲伤中所处的这一阶段，同样散发着自由的诱人气息，同样需要经历缓慢而痛苦的过程。内部希望之花只有在专注中才能绽放，为了练习专注，把关注重心放在新的道路上，我们必须学会放下，脱离旧有的模式。正如甘地所建议的那样，通过超然的方式采取智慧的行动，你可能要过一种和以前不一样的生活。这可能需要你有意识地改变行为，全身心地投入整个过程中。仅仅口头宣称自己选择了内部希望是不够的，因为所有功绩都不是靠口头支票获得的，而是要付诸行动。甘地并不是仅仅口头呼吁以非暴力反对英国的统治，然后就期待获得自由，他和他的追随者采取了一系列行动：忍受牢狱之灾、进入劳改营、组织公众进行绝食抗议。

如果你希望银行账户里有更多的钱，你可能会宣称："我不想只靠工资过日子了！"但为了改变现状，你必须靠行动实现你的宣言。你可能会想方设法增加收入或者减少开支，最好是双管齐下。如果缺乏行动，"我不想只靠工资过日子了"就不再是一个宣言，而只是一个愿望。

虽然你不用像甘地那样对抗超级大国，但为了把内部希望从对外宣称的愿望变成现实，你必须采取具体的行动。是时候开始走你的新道路了——不要把内部希望当成一种宣言，而要当成一种行动。

做到这一点并不容易，但这是值得的。

是时候开始行动了

阅读本书就是你采取行动的表现之一，但光看别人如何处理问题并不会解决你自己的问题，所以你还需要采取进一步的行动。打造良好的心态是行动的第一步，爱比克泰德曾说过："如果超出了我们的能力范围，请做好准备跟自己说：这对我来说不算什么。"

对我而言，这句话读起来就像一句台词，好像在发号施令，既缺乏感情又显得极端——没有必要这样非黑即白。事实上，爱比克泰德说的是——把它抛在脑后吧，永远不要再想它。但是，由于我深陷灰色地带，痛苦了很长时间，所以我认真反思，觉得他说得不对。还在拒绝接受事实怎么能说自己头脑清晰，同样，还在为丧失感到痛苦又何谈快乐？因而，仅仅希望重新找回快乐是不够的，你需要做出承诺，采取行动为自己创造快乐。我对爱比克泰德的这句话不太认同，因为我觉得，"对我来说不算什么"是对曾经的挚爱和关系的不尊重。我觉得我们没有必要把孩子和洗澡水一起泼掉。从大处来讲，他也许没有想过把这句话用在人际关系上，或者他想用，但是他没有体验过模糊悲伤。在这种情况下，对于那些经历爱和丧失的人来说，稍微改一下或许更好："如果超出了你的能力范围，请准备好跟自己说：我选择自己。"

选择自己可能跟你的性格严重不符，也可能是你人格中隐藏的一部分，无论如何，培养这种习惯都是成功度过这一阶段的关键。为了更好地理解这一点，你可以观看（或者重新观看）经典大片《泰坦尼克号》的最后几分钟：露丝在做最后一搏，想登上一艘正要撤退的救生艇，她跳入冰冷的水里，游向一位死去的乘客，吹响了他身上异常冰冷但仍能发出声音的哨子。这个令人沉痛的场景向我们展示了什么是做出承诺和选择自己。在很短的时间里，露丝痛苦地做出了选择，同时向她的挚爱道别。电影的这个片段充分说明了：痛下决心放下过去或曾经的期待是拯救自己的唯一途径。

尽管我们知道一意孤行会带来痛苦，放手时我们会得到解脱，但毕竟知易行难。在第五章，我会介绍一些活动，来帮助你怀念挚爱以及你曾经拥有的这段关系。但在这之前，让我们把时间花在你身上，打磨你已经获得的工具，以及增加一些新的工具，帮助你养成选择自己的新习惯。跟露丝不一样——露丝的爱人杰克已经不在人世，而你的挚爱还活着，如果真的想继续前行，你必须一而再再而三地选择自己。

自我关注

当你已经悲伤了一段时间，这时可能有人会告诉你，你该放下了。你可能像我一样，在了解情况之前就提出这样蹩脚的建议。我在悲伤了一年的时候，有一位关心我的人告诉我该放下了，我假装感谢地回答："哦，好的。我这么做就会变好是吗？哇，谢谢你！"当我追问具体要怎么做时，他耸耸肩，表示不知道。他怎么会知道怎么做呢？他自己从来没有经历过。

虽然这次交流不到 1 分钟，但它激发了我对"如何"治愈的兴趣。我把问题抛给其他好心人，他们常常建议我"放下"，或者暗示我悲伤的时间太长了。但是对于"怎么做"这个问题，最常见的那些回答基本没有任何帮助。有些人提的建议很虚，所以他们没办法回答怎么做。（例如，朋友说："别想了。"我回答："好的，但是，怎样做才能不想呢？"）也有人建议我使用"替代法"，用其他关系取代已有的关系，或者用大量无效的方法平息我的情绪。在这两种情况下，这些善意的建议都在暗示我的康复速度太慢了：如果可以，请你快点好，谢谢！这样大家都会感觉好些。

小贴士：当心那些有害的建议

- 往前看。

- 原谅他们吧！

- 别想了。

- 别谈论这个话题。

- 祈祷它消失吧！

如何放下?

我们经常谈论"放下",用这句话来鼓励别人,还喜欢哼唱歌曲《放下》(*Let It Go*)。但是就跟悲伤一样,"放下"是面对丧失的一部分。对于"放下",我们是思想的巨人,但却是行动的矮子。感谢《冰雪奇缘》,让《放下》这首歌火遍全球。2019 年,数字音乐服务平台声破天(Spotify)做的一项研究发现,《放下》成为有史以来最受欢迎的迪士尼歌曲,仅仅在声破天的播放量就有 3 亿。很显然,这首歌吸引了大批听众。这是一首朗朗上口的歌曲,歌词积极正向,告诉人们要拥抱自我和寻找个人力量,难怪它能在全球引起共鸣。

我明白需要放手才能继续前行,但是到底该怎么做呢?无论在《放下》这首歌里,还是在电影《冰雪奇缘》里,女主艾莎都没有进行任何暗示。(我知道这一点,所以为了找到答案,我花钱看了这部电影。)

依恋和分离

为了弄清楚"怎么做",我开始研究依恋理论。该理论认为,在婴幼儿时期,孩子与照顾者的互动决定了其依恋类型:安全型依恋、焦虑型依恋、回避型依恋或混乱型依恋。这些依恋类型会影响我们成人后的关系。此外,越来越多对依恋的研究表明,它可以帮助我们理解人际关系中的互动,包括夫妻、亲子和同事间的互动。无论你是自信的、多疑的、黏人的、宽容的、清高的、害怕被抛弃的,还是在情感上自给自足的,了解自己的依恋类型都有助于了解自己以及自己如何度过悲伤。

根据依恋理论,我们的依恋类型会为我们提供线索,告诉我们悲伤的状态如何，以及帮助我们了解分离的类型。在模糊悲伤中前行，我们的目标既不是完全依赖和全情投入，也不是决然抽身和不带感情，而是将依恋程度调至中性。这有助于培养对现状心存感恩的心态，也会让我们不再那么执着于结果。对于我来说，当我开始关注自我，把精力放在能力范围之内时就是这样：我更少花时间在旧关系上，而是试着接受任何结果，这意味着我可以享受过程带给我的乐趣，而不是过分注重得失。至于我在旧关系中的依恋，我发现对婚姻中的互动模式进行解构，有助于我从关系中分离，降低我对关系互动结果的期待。或者像贝丝那样：当她照顾患有阿尔茨海默病的母亲时，放弃了与母亲坦诚交流家庭动态的愿望，因为生活中的任何坏消息都会让她的母亲不好受。这种转变可以使她们与过去的关系分离，为新的关系动力留下空间——简单地回答"好"免除了很多不必要的麻烦。

三种工具

尽管没有找到"放下"的对策，但我发现了一些对我更有帮助的方法。在针对希望开展的研究中，我从调查结果中提炼了一些观点，发现了一些有趣的模式。我发现"放下"是以行为为导向的过程。我自己通过不断试错，结合对生活碎片的记录和采用现有技术，创建了三个实用的工具帮助自己采取行动，践行自我关注。这三个工具分别是：分离准则（rules of disengagement，ROD）、心灵按摩（soul salve）、未来愿景（future feeling）。

这三个关于"怎么做"的工具一次又一次帮了我,特别是在我决定开始自我关注的初期。请把这三个工具放在你的行囊里,然后停下来稍作整理,把额外的重量或占用空间的东西(例如怨恨、痛苦、敌意,或者如爱比克泰德所说的超出我们能力范围的任何东西)移除。如果有些东西再次跑回来,不用担心,请继续将它们清除,直到它们彻底消失为止!

分离准则

当我们对某些东西产生强烈的依恋,无论它是抽象的思维方式还是存在于世上的生物,或者是我们看待自己和他人的方式,我们或许都会受到限制,从而扼杀其他可能性。如果你坚信失去挚爱后再也不会像以前那样幸福,那么你就会拒绝以其他方式获得幸福。正如你曾花费大量时间通过各种行为建立对挚爱的依恋,你也可以有意识地做出相反的行为来重构和消除这种依恋。当然,情感分离因人而异,所以制定一些指导方针会有所帮助。

分离准则不仅仅是划分和落实边界,它也是一个来自内心的准则,反映了你在新阶段的生活方式。我参考交战准则(rules of engagement,ROE)提出了分离准则,用以指导我摆脱对旧模式的依赖。美国的企业和军队都在使用交战准则这一术语,《牛津英语词典》将其定义为由权威机构制定的作战规定、指定部队作战时所遵循的战术与行动规范。有关交战准则的文件不会写明如何实现最终结果,而是写明如果要达到预期结果，什么行为可以接受，什么行为不可接受。（例如，士兵有权在受到攻击时进行自卫，或者士兵不得抢占他人财物。）近年来，企业也采用这一术语来指导员工在工作场所的行为。例如，它可能会规定，团队成员要遵守保密原则，或者要积极倾听，不能随意打断对方。

虽然你所爱的人既不是敌人也不是员工，但制定交战准则可以指导你实现身体与情绪的分离。为了更好地帮助自己，你可以把它改成分离准则：制订个性化的计划，包括列出背景、事件和措施，用来指导你和挚爱的互动。与传统的交战准则一样，分离准则不会告诉你如何实现目标，而是告诉你在实现目标的过程中可以使用哪些措施。

如果你的挚爱是一位浪漫的伴侣，在你对他产生依恋开始，可能就有一份不成文的交战准则，包括交往的方式，例如你们可以在一起待多长时间，做什么事情需要有监护人在场，或者在什么情况下可以考虑结婚。在这些准则中，有些可能由你的伴侣提出，有些是你决定的，有些由你的父母强制规定，有些受宗教信仰影响，有些受文化背景影响，有些只是你们两人之间的共识。如果你进一步扩展这个不成文的准则，可能还会列出你的门禁时间、可以去的游玩地点或者家庭的财务储蓄目标，所有这些都是调节亲密感和依恋程度的手段。

根据这一原理，用分离准则调节距离感和分离程度可能会帮助到你。可以帮助你分离的一些准则包括：

• 有权将自己从充满敌意的环境中抽离。

• 有权保证自己的身心安全。

- 有权拒绝参与活动或者外出。

- 有权在未经外界允许的情况下重新定义自己。

- 有权决定和拥有自己的情感。

- 有权捍卫自己免遭错误或敌意的攻击。

- 当自己或他人有可能受到负面影响时有权做出回应。

反复激活这些准则有助于培养和建立新的习惯。这够难的了，所以如果你发现自己带着怨恨和敌意做出一些不理智的行为，要及时纠正自己。这些不理智的行为包括对挚爱进行贬损、控制对方、指责或羞辱对方、向对方撒谎。做出这些行为都是因为恐惧，最终会将我们禁锢在受害者的角色中，让我们沉浸在愤怒和不公平的感觉中。为了消除我们的恐惧，减少不理智的行为和敌意，我们可以设定一个与旧关系分离的目标，以尊重这段关系以及你自己的方式来执行你的分离准则。例如，如果你选择不回复挚爱不友好的信息，即使你想回复，也要提醒自己不回复是对自己的尊重。

这并不代表你不爱他／她，只不过你选择为尊重和爱自己而行动。

试一下为你所爱的人祈祷，在爱的觉知中冥想，或者只是重复一句颂词，这些都会对你有帮助。对我来说，我发现"爱他／她、祝福他／她、放他／她走"这句话是可行的，充满肯定和力量。

练习14：创建你的分离准则

我们的目标是与旧关系分离，所以请尽可能使用简单、中立的语言。你的分离准则可能是宽泛的，也可能是具体的——事实上，你的分离准则越具体，对你的帮助就越大。请记住，我使用的例子并不适用于所有情景，如果正好适合你，你可以直接使用，但最好加入一些你自己的内容。

• 宽泛的分离准则：我有权在互动中做出自己的判断。

• 具体的分离准则：当我所爱的人被激怒，对我产生威胁时，我有权做出自己的判断。

塔梅卡的重生之旅

你可能跟我和玛雅一样，会感到一阵阵内疚，觉得自己似乎在"放弃"所爱之人。你关注他/她的需求这么久，现在转而关注自己的需求，你可能会觉得自己很自私。但我发现，这并不是"放弃"旧爱或者失去的关系，而是"付出一切"来改变你的生活。

我在一位叫塔梅卡的女人身上发现了同样的想法。她跟露丝一样做了一个决定，准备把自己交给从未想象过的生活。在丈夫出事前，30多岁的塔梅卡充满活力，性格外向，过着她所谓的"幸福生活"：她获得了硕士学位，找到了梦寐以求的工作，还遇到了自己要嫁的男人。塔梅卡告诉我，她的生活很"正常"，直到一个电话改变了这一切。

她的丈夫打电话说他被捕了。"一开始，接到他的电话我松了一口气。"她告诉我，"我们有一个蹒跚学步的孩子，并且我已经有了5个月的身孕。因为他在本该到家的时间还没回来，我又联系不上他，所以担心了好几个小时。他开始说话的时候，我蒙了，感到不知所措、震惊不已。他被指控和关押，我们等待宣判结果，不知道他是否会被判刑以及刑期是多久。在量刑前这段时间，我充满焦虑，只能等着、等着、等着——等着被告知我还要等多久！"

塔梅卡希望丈夫没事："等他回家，一切都会恢复正常。"但是，这并没有发生——她的丈夫被判 10 年监禁。

"他以为我会给他寄离婚协议，但我没有。我们的关系很好，我爱他，所以我没有理由这么做。"不过，她不知道如何维持这样的婚姻。面对全新的处境，塔梅卡感到愤怒和无力，因为她需要适应丈夫入狱后的生活和应对现实中的新任务。"我甚至感到内疚，想知道我可以做些什么，"她说，"但是，我必须先让自己冷静下来……木已成舟，我们已经沦落至此了。"

很快，她就成为一位本质上单身、压力巨大、有两个孩子的职场母亲，负责养家糊口，支付大大小小的账单——从家庭账单到丈夫在监狱小卖部里的花销。塔梅卡会为一些支出感到内疚，而这些支出在以前只是日常消费。她说："像带香味的沐浴皂这样的东西我都觉得是奢侈品，是我负担不起也不配拥有的东西，因而我不会让自己把它买下来。"

为了能更灵活地安排工作时间，找一份适合目前状况的工作，塔梅卡辞去了朝九晚五的工作，成为一名私人教练和健康顾问。但工作灵活的代价就是工作时间长，要从早上 4 点忙到晚上 9 点，因此，不断地切换工作状态成为塔梅卡的日常。这样的"囚犯妻子生活"过了 1 年后，塔梅卡感到极其痛苦和筋疲力尽——跟抑郁症作斗争，为失去曾经的关系而悲伤，还要面对未知的未来。这时，另一个决定性的时刻再次改变了她的生活。

"那是很简单却充满力量的时刻，"塔梅卡说，"我看着儿子，他肩上好像扛着整个世界。就在那一刻，我明白了，他被我影响了。他看起来很悲伤，压力很大。他的父亲坐牢了，由抑郁的单身母亲照顾他，而他又是个黑人男孩，所以这一切对他来说太难了。因此，就在那一刻，我做出了改变自己的决定。我要踏上一条新的道路，所以我换了电台频道——就是字面的意思，这是我为了改变环境做的第一件事情。我把电台频道调到合适的波段，好让自己的耳朵听到的都是积极的话语，而这真的让我走上了一条全新的道路。"

在这之前，塔梅卡一直沉浸在悲伤之中，努力照顾自己之外的所有人，专注于艰难的现实生活和无法改变的环境。作为囚犯的妻子，塔梅卡虽然不知道这条漫长而孤独的路会把她带到哪里，但她下决心要成为坐在驾驶室里手握方向盘的那个人。"我决定这样教导我的孩子：无论生活中发生了什么，他们依然可以重新振作，依然可以获得成功。"

她为自己设立了一个宏大的目标：保持最佳身材，报名参加健身比赛。尽管属于自己的时间并不多，她还是决定找到方法并采取行动，实现自己梦寐以求的愿望。报名参加比赛后，塔梅卡每次训练5分钟，坚持了几个月。"为了我的精神健康，我必须这么做。尽管丈夫不理解我为什么要这么做，但我必须追寻心中的梦想，我很高兴他对此表示尊重。"

通过这种方式，塔梅卡选择对自己抱有希望。她说："为了有力量成为别人的支柱，我必须这么做。"

如今，塔梅卡成为一名优秀的教练，专门指导那些至亲成为囚犯的人把握已有的选择，唤起他们自主选择的力量。"我告诉他们，不要在至亲入狱的时间荒废自己的生活。他们可以完成学业或者开始创业，为自己的梦想而行动，不用为此感到内疚。我开始和每个人都保持界限，包括我的丈夫。我明白他为此感到受伤，但我这样做是为了成为他的坚强后盾。我的任务不是解决他的问题，而是解决我自己的问题——我做到了。"

心灵按摩

就我而言，像塔梅卡这样设定健身目标对自我关注帮助并不大。尽管我曾经很喜欢游泳、骑行、跑步，但在发现丈夫出轨后一年半的时间里，除了散步，从事其他的体育活动对我来说显得力不从心。对于悲伤的人而言，这是比较常见的现象。我们要了解，悲伤不仅是对情绪的考验，也是对身体的考验。具体来说，丧亲的身体反应包括压力激素皮质醇的升高，这会影响我们的免疫系统和心血管系统。我的身体总是疼痛，因而我转为集中学习新事物和对大脑进行训练。通过在每天的冥想中保持安静和活在当下，我逐渐明白自己内心想要什么——我要的不是一只新的手提包、一个新丈夫、一杯鸡尾酒或者涂脂抹粉，我渴求的是睿智的头脑。我特别痴迷于TED演讲，喜欢那些能启发我进行思考、激发我的好奇心以及让我开怀大笑的话题。每当我读到一本关于悲伤的书，并从中领会到一些精髓，我就会感到轻松自在。

当我发现自己在外部希望中来回进出时（记住，这确实发生了），我也留意到，当我专注于自我和参与自我成长的活动时，我的悲伤会有所消退，尽管只是消退了一点点。我当时并没有意识到这种"智力满足"是我痊愈的重要组成部分。当我发现前夫并非我所以为的那个人时，我感觉自己被欺骗了。我觉得自己非常愚蠢，没有早点发现他口是心非的蛛丝马迹。经历悲伤后，我的好奇心休眠了，经过大量的学习，这部分内在自我又被激活了，而且怎么学都感觉不够。我的客厅既是我的阅览室又是我的学术报告厅，我在这里读了无数本书，也没有错过任何一集《超级灵魂星期天》。这些早期的行动支持了我对自我关注的承诺，并推动我走向康复。

向内关注不需要任何成本，每个人都可以做到，你要做的就是滋养自己需要照顾的部分。你可以通过看纪录片、听播客、阅读图书来增长见识。通过学习新事物，你可以再次激发自己的创造力，例如演奏乐器、绘画、编程，或者培养一种爱好，如烹饪或拼图。你可以做一些事情满足自己服务他人的渴望，例如帮助家人和邻居、做志愿者，或者加入与你有共同爱好的团体（如艺术、阅读或社区服务团体）。你也可以像塔梅卡那样增强体魄，为比赛而训练，以证明自己和获得内心的满足。无论你选择什么方式来抚慰心灵，它必须是你能力范围内的事情。你首先要平静下来，聆听内心真实的声音，探寻自己真正需要的是什么。对于愿意聆听内心微弱声音的人来说，聆听和回答让我们有机会挖掘自己的天赋，唤醒沉睡的梦想，展望全新的生活。

未来愿景

当你练习自我关注，找到抚慰心灵的方法时，你可能会感到乐观带来的阵痛。对于某些人来说，这是与生俱来的特点，但对于另一些人来说，这会让他们感觉完全陌生，甚至为此感到担忧。这很正常，因为持续的自我关注正在使你发生改变。无论你养成了新的生活习惯，还是找到了以前没有的空闲时间，都会带来相应的结果。例如，你现在可能会在早餐前锻炼、中午的时候冥想，或者走进农贸市场，而不是像以前那样去超市。也许你正在修整自己的花园，把不健康的花枝剪掉，播下种子等待新的鲜花长出。改变并不总是带来伤害，希望就像埋在土里的球茎，当它冒芽的时候，乐观之花也会随之绽放。乐观的出现有时会让你措手不及，因为它已经在你生命中消失了一段时间，但无论它以什么形式出现，当你让自己看到乐观的一面，难免会让你大吃一惊。

练习自我关注最有成效的表现之一，就是你心中会不断涌现积极正向的感觉。当你重新与喜悦、欢笑、乐观和内部希望等感觉相遇，请通过感谢来肯定这些成长时刻。感谢这段时间给我带来快乐的每一件小事，这令我产生愉悦的感觉；久违的良好感觉倍增，每次都如同初恋一般。这些感觉如此强烈，就像我喝的第一杯浓缩咖啡般余味无穷。如果你一早醒来就对带给你快乐的东西表示感谢，你会发现快乐很容易倍增。我表达感谢的方式就是，在喝了第一口咖啡之后说"谢谢你，咖啡"，散步之后说"谢谢你，我的肺"，对让我笑得前仰后合的闺蜜说"非常感谢，亲爱的朋友"，对及时送餐的外卖小哥说"感谢你，送比萨的小哥"。享受快乐的状态（无论多么短暂），加上真实、发自内心的感谢，将为你激活"未来愿景"做好准备。

练习感恩之心会给我们带来温暖、难以言说的生理感觉。未来愿景是一种短暂的、带有意图的活动，可以用视觉化的画面帮助你想象未来的新生活。通过在脑海里挖掘内心的渴望，它将你和从未体验过的自我进行连接，让你一直沉浸在愿景中，直到你的身体感觉到它正在发生。对我来说，这是一种非常个性化的活动，让我以一种非常舒适和充满力量的方式重新想象自己的生活。专注于当下是我疗愈的一部分，几个月后，未来愿景成为我缓解压力的一种方式。它给了我放松头脑的机会，让我与内心深处进行交流，关注自己的未来——关注的并不是某个特定的日子，例如下周五或者你的生日，而是尚未发生的时刻。

有时，内部希望、快乐、乐观这些美好的感觉可能会让你觉得不舒服，这与你经历的诱发事件的性质有关，所以你觉得不舒服是可以理解的。你可以使用预先行动工具（见第二章）了解这种感觉背后的想法和原因，努力克服它，直到你活在当下。这样的话，就说明你已经准备好为未来愿景努力了。

练习 15：重新想象

是时候停下来关注你自己了。安静下来，倾听内心的声音，用下面这些关于自己未来的鼓舞人心的问题问问自己。根据你的直觉进行回答，不要评价或否定答案。当答案一出现在你的脑海里就记录下来。你可以对照自己的直觉检查你的答案，看看它们是你内心真实的答案，还是经过美化或编辑的答案。不断地进行修正，直到它们真正符合你内心的真实想法——确实是你最好、自爱的那部分自我。停留在这部分自我的意象上，直到你能感受到它。当这种感受在你身上出现时，跟随这种感受。

- 我看到自己在做什么？
- 我想和谁在一起消磨时光？
- 我如何表达我的内在自我？
- 我有什么东西可以跟别人分享？
- 我需要为新生活放下什么？

当你开始承认你的答案确实是自己内心真实的答案，而不是经过粉饰的自我，慢慢熟悉它们带给你的感觉。不要尝试布置场景和加入细节，细节没有感觉重要。保持这种感觉至少 15 秒，让这种感觉笼罩着你，就好像身临其境一样。例如，感受一下当别人欣赏和重视你的天赋和才能的时候是什么感觉。当你想象这样的愿景时，注意整个身体的感觉。有时候，你的直觉会让你的身体感觉不舒服（例如，你找错了搭档、做了错误的工作或者不愿承认出错的真相等），因此，当你关注舒服或诱人的感觉时，也要同时关注这些不舒服的感觉。无论这些感觉是否舒服，当我努力练习抓住和识别它们时，我变得更加适应肯定的感觉，并且更喜欢这种感觉，对能触发这种感觉的人和事也变得更加敏锐。因此，我对和什么样的人交往也变得更加挑剔。这种对关系的盘算对我来说很费心思，但是为了节约心理资源，无论是离开一个让你筋疲力尽的朋友，还是远离杂货店里那个脾气最温和的收银员，减少不必要的人际交往都非常必要。当我领会到这一点，我终于明白节约心理资源、跟随自己的直觉，就是走上了通往美好生命愿景的道路。

为了进行更深入的学习，我强烈推荐"人生愿景"冥想练习，迈克尔·伯纳德·贝克威斯博士在《人生愿景》一书中对此进行了概述。通过安静的想象、保持好奇心，"人生愿景"练习可以磨炼你的直觉。我从贝克威斯博士的工作中得到了灵感，在我的未来愿景练习中加入了赋能问答环节。

未来愿景观察镜

我开始重视自己的直觉，结合使用了艾米教给我的透镜技术。它在培养共情能力，或者试图了解别人如何看待世界方面特别有用。只是简单地使用一个新的透镜看待自己的优势，就可以让你在不同视角之间转换。例如，你可以戴上"焦虑透镜"，它能帮助你理解为何患有焦虑症的挚爱会以你无法理解的方式行事。当你无法理解某人的行为或者被困住的时候，可以试着使用这种行为透镜。我使用了一个"重新想象的透镜"，它可以让我用一种新的方式看待、感受和直觉身边的世界。通过我所谓的"观察镜"，我可以了解哪些人和事与我内心的感觉一致。我将这种感觉与我遇到的所有人和事进行对比，来检验其在我生命中的比重。如果某人、某地或购买的某件东西与这种感觉不符，那就不适合我。我发现，未来愿景观察镜对心灵的影响，与斯多葛学派分类和归档法对大脑的影响类似。

当我越来越频繁地使用这个方法——对符合感觉的人和事说"是"、对不符合感觉的人和事说"不"，很快我就发现自己茅塞顿开，生活在练习带来的清醒感受中。我的周围都是与我同频共振的人、地方和事。我的内心不断涌现新的观点和认知，我甚至开始参加以前从没考虑过的活动。一些遗忘已久的梦想逐渐苏醒，它们在长达数十年的时间里冬眠着，失去了活力，现在它们又开始在我耳边轻声低语，试图唤起我的注意。旧的记忆也冒了出来，我还记得那位心善却粗心的大人问我的那个可怕的问题："你长大了想做什么？"接着告诉8岁的我"当作家赚不到钱"，并建议我重新考虑一下。

我的内心和行为正在发生变化。我的悲伤并没有消失，但是它不再像以前那样把我吞噬。在被悲痛折磨这么久之后，我还有如此强烈的情绪，似乎有点讽刺。但是，我的痛苦是一剂营养液——驱使我来到人生中最完美的坐标点的，不是快乐，恰恰是痛苦。如果我没有遭遇丈夫出轨的打击，我永远不知道这个点的存在。就在这时，我对生活有了新的看法，痛苦就像奥运会上的接力棒，精准地穿过我的灵魂，传递到无限延伸、等待被把握的可能性的手中。对于这种体验，贝克威斯博士思辨地提出："痛苦在不断鞭笞我们，直到人生愿景拉开帷幕。"

"放下。"痛苦说。

"让我们一起同行。"可能性说。

"好!"我大声宣布。

就像塔梅卡决定采取行动,调整广播频道,我也将内心的频道进行了调整,这同样改变了我。通过自我关注、设立边界和人生愿景,我的生活进入了一个新的频道,接收到的信息既响亮又清晰。当你也这么做的时候,记住,通常需要比较长的时间才会发生改变——你需要先进行一些微小的调整,比如做些微小的行为、参加不易觉察的活动,它们会给你带来巨大的好处。只要坚持前进的方向,假以时日,小溪终将汇成大河,你终将为自己开辟一条新的道路。

当你与自己的内在觉知建立连接,你的直觉会让你更多地了解到自己需要什么,让你看到身边什么比较重要。当你遵循内心的指引时,要注意自己的感觉,在你明确某种感觉是什么样子之前,小心不要忽视它。请记住,感觉、情绪和体验构成了我们的情绪表现,它们之间有相似之处,所以容易混淆。例如,你体验到一种焦虑的感觉,在你置之不理之前,请仔细观察以确认是否真的是焦虑。你可能会发现原来这种情绪不是焦虑,而是兴奋,这两种情绪表现很相似,但源自完全不同的想法。此外,你有可能觉察到一种新的感觉,但除非你深入了解它,否则你没法对它进行命名、分类和归档。它也许在提醒你不要做某些事情,或者向你发出信号,表明你的行为与内心最美好的部分相一致。当你多加练习,听从你的直觉,用它指引你的行为,你会越来越自如地信任它和你自己。

正是通过这种方式,我与自己和解了,接纳了我的内在自我,最初我错误地以为它辜负了我。在这个冥想练习中，我与自己的连接加强了，我意识到它一直都在。它从来没有离开，也没有忘记提醒我，只是我——"真实世界的我"——忽略了它的信号。就像科学家向宇宙发送信息一样，只有和接收器产生连接，信号才能顺利传送。理解了这一点后，我设定了一个意图，要成为这样的接收器，不仅要与我的直觉保持同一频道，还要以行动证明我相信自己的直觉。

对我来说，我的直觉指引我去观看纪录片和阅读文章，了解世界各地不同的治疗方法。很快，我对某些传统文化产生了浓厚的兴趣，这些文化会庆祝丧失，尊重痛苦，并将痛苦视为人类状况的一部分。在诸多传统文化中，来自亚马孙的一种特殊习俗最吸引我。经过 1 个月的学习，我不再停留在好奇的层面，而是迫不及待地想要体验一下。因而，秉承坐而起行的精神，以及为了表示我对直觉的信任，我做出了遵循内部希望的举动，过去的我很难这样随心所欲。我前往哥斯达黎加丛林深处，在南美最古老的部落，我得到一位最年轻的萨满的照顾，参加了一个古老的仪式。在这个仪式中，我不得不直面自己的想法，有些我不知道如何回答的问题，在此期间也找到了答案。当然，你不一定要到丛林深处疗伤，但如果你的直觉指引你前往那里，它符合你内心的真实想法，我鼓励你以开放的心态来看待这一行为。

第五章

康复之路、成瘾、和解与仪式

过程与终点同样重要。当涉及真相与和解，我们必须坚持到底，没有捷径。

——默里·辛克莱（Murray Sinclair）

"痛苦是烫手山芋，"在一次心理治疗中，艾米跟我说，"我们不想把痛苦留在手上，所以我们瞄准给自己带来痛苦的人，想把痛苦砸回给他们。砸回去这个行为，就是罪魁祸首。"

"好吧，但我一开始就不想要这个烫手山芋，"我反驳道，"山芋的出现不是我的错，也不应该由我来接。"艾米点点头，然后耸了耸肩。

"但是你可以把它放下，不是吗？"

"随便你怎么说，艾米。"

当你走上内部希望之路，你会感觉更坚强，可以更好地理解自己的悲伤。通过持续的自我关注，你会重新认识自己；通过坐而起行，你会激活未知的自我。你现在已经了解如何命名自己的感觉，观察自己的想法以及尊重自己的边界，如此一来，你花在外部希望以及左右摇摆上的时间就会越来越少。你再次以一种健康的方式与世界互动，当你完成这段旅程时，你甚至感觉自己更像自己了。这并不是说你不再悲伤，而是你的悲伤很可能已经改变形式；也许你感觉它的攻击变得不那么频繁也不那么强烈了。虽然你比以往任何时候都更接近康复，但是模糊悲伤并没有离你而去。

在你继续前行之前，应该检查一下自己的情绪口袋里是否还留着烫手山芋。正如艾米所描述的那样，痛苦就像一个烫手山芋，就你的情况而言，烫手山芋让你感到难受是因为它来自你所爱的人。尽管我们的反应通常是把烫手山芋甩开，但是不少人依然把它握在手里。当捧着这个烫手山芋时，我们要承受更多的痛苦，这造就了我们的苦难。如果想逾越悲伤和疗愈之间的空白，你需要在这条路上释放痛苦，把烫手山芋放下。为了做到这一点，你需要另一个工具来推你一把。与之前介绍的工具不同，这是一个让你必须回炉重造的工具。这个工具会帮助你摆脱痛苦，但是需要你尽最大努力发挥想象力和汇聚情感能量。

在这一点上，基于我对自己经历的反思，以及其他模糊悲伤者的经历，我发现一个明显的共同点：我们都累了。你会感到情绪枯竭或者身体疲惫，也可能是身心俱疲，不过这是哀伤的正常反应。想想你都经历过什么——让生活天翻地覆的诱发事件，坐着不停歇的过山车走过悲伤的所有阶段，和"希望"玩了一场打地鼠的游戏，被"希望"这个双面间谍戏弄得团团转。通过不断实践内部希望，你好不容易觅得片刻平静和舒适，想停下脚步休息一下，而不是费时费力搭建一座空中楼阁，这情有可原。但是，为了让自己从旧生活中挣脱出来，健康地迈入新生活，首先你必须克服巨大的困难，对新旧两种生活进行调和。和解并不意味着将你的关系恢复到以前的状态，我并不是建议你和背叛自己的伴侣重归于好、忽略父母的认知减退或者打破你为自己建立的边界，绝对不是这样。在这种情况下，和解是坦诚面对和接受一段关系的能力——既能接受它过去的样子，也能接受它如今的样子。可以将和解看成连接号，它将两个独立的东西连接在一起，形成一个整体。在和解中，你同时拥有过去和现在的关系，通过明确、自我建构的意识将旧关系的结尾和新关系的开端连接起来。

如果这听起来就让你感到累，那么你需要放下行囊休息一下。只是要小心"时间会治愈一切"这句蛊惑人的老话，虽然它有一定道理，但长时间无所事事会令人丧失斗志。

你可能很难想象与丧失和解以及整合你的新旧关系，尤其是你从来没有整合过互相冲突的情绪或者不同的信念系统——但你可以做到。感谢前人留下的文字记载、口述故事和考古发现，让我们知道历史上有些工具为人类提供了莫大的帮助。随着时间的推移，这些工具产生了多种形式，一直以无数种方式帮助我们应对变化。其核心是让我们尊重过去，感恩现在。经过岁月洗礼和沉淀的仪式和典礼成为建造和解之路的主要工具。我在这一章分享的个人经历可能会让你惊掉下巴，但我认为你最好忽略掉它们，而应该看到仪式和典礼带来的好处。我会分享两种让我受益匪浅的工具，一种历史悠久、源远流长，一种是我为自己创造的工具。在我的人生道路上，这两种工具扮演着重要的角色，但是否适合你，只有你自己才知道。

治疗工具：仪式和典礼

不管你的成长背景如何，在一生中，你很可能参加过各种各样的仪式和典礼。尽管这两个词经常被混淆，有时人们用起来也不加以区分（跟情绪和情感类似），但理解它们的差异很重要。我们可以把典礼看成纪念特殊事物而举行的活动，例如生日派对或者婚礼；而仪式是指单个或者多个行为，例如唱生日快乐歌、吹蜡烛、吃蛋糕等。你可以在每周五点个比萨，以此将其仪式化，或者每次在睡觉之前先进行祈祷。仪式不一定是典礼，但大部分典礼都含有仪式。例如，当人们结婚时，婚礼是典礼，而宣誓和交换戒指则是仪式。尽管仪式和典礼并不一定属于宗教或者信仰范畴，但大部分仪式和典礼都是一种灵性体验——"灵性"这个词本身就说明它是一种精神的仪式。无论是宗教洗礼，还是在浴缸里泡澡；无论是虔诚地祈祷还是与你的同伴分享交流，仪式都可以作为强大的治疗手段。通过典礼进行表达，这些工具可以帮助我们识别、接纳和尊重我们的转变。

努力、用心再加上一点想象力，你也可以用仪式构建自己的典礼，帮助自己与现实和解，搭建通往康复的桥梁，走上康复之路。我的康复之路会让人感到不可思议，它由各种各样的经历组成：在丛林深处呕吐，在湖边放声歌唱，中间还有上千个浴缸祈祷者。建造康复之路的过程很漫长，但你不需要赶时间，而且速度再快也不会获得奖赏，所以，当你准备好了就开始吧，按照自己的节奏进行即可。你的目标是按照自己的需要、以尽可能多的方式与现实和解。最终，你会发现自己离康复更近了，而且，用一个个仪式作为奠基石，你会建造一条坚实无比的康复之路。为了获得灵感，让我们探索世界各地举行典礼和仪式的方式，首先是南美的一种疗愈典礼，它在全球变得越来越流行。在人类记载的历史里，它是亚马孙原住民一直沿用的一种仪式。

洞穴

安第斯山脉位于玻利维亚西南部，在山脉的高处，智利之洞的洞口大张，在陡峭的岩壁上向人们招手，似乎在邀请人们进入。根据考古学家对洞内出土文物的勘察结果，我们了解到曾有很多人进入这个自然形成的洞穴里活动。在过去的4000年里，它既是人类的避难所，也是人类死后的墓穴。它坐落在海拔4000多英尺的险要之处，在荒无人烟、没有遮挡的山腰上，它成为人们唯一的藏身之处。2010年，一支国际考古队伍对该遗址进行了发掘，发现了人类在洞穴里长期居住的痕迹。

乍一看，发掘此处遗址的考古学家可能会感到失望，因为他们只看到了几十年前的盗墓者留下的一片狼藉。然而，经过仔细勘察，他们有了惊人的发现：有一个由3张狐狸嘴缝制而成的袋子，里面放着一把手工雕刻的刮刀、一个发带，以及两种用于治疗仪式的植物残留的成分。他们使用碳年代测定法确定了该文物存在于公元900年至1170年之间，并由此得出了令人信服的结论：这不是一个普通的袋子，它是萨满的药袋。千年之前，草药是疗愈仪式的一部分。

成瘾的黑森林

在远离丛林的美国郊区，伊莉安娜和吉姆也在与"魔鬼"对抗。但是，如果他们不告诉你，你看不出他们家里有一位瘾君子。从各方面来看，他们都是完美的一对。这对情侣大学时就在一起了，然后成家、立业、生子。几年间，这完美的一对组成了完美的家庭，有2个儿子和1个女儿，还有一只顽皮的小狗。他们在社交媒体分享的照片令人艳羡——照片上幸福的一家在户外玩耍，在落叶中起舞，在夏日的阳光下戏水。透过屏幕都可以感受到他们的欢乐，但令人遗憾的是，伊莉安娜分享的故事却与此截然相反。她告诉我，他们家曾面对成瘾带来的巨大损害，目前仍在恢复阶段，而这根本无法从照片里看出来。

"这真的让我感到很震惊。"伊莉安娜说，"吉姆一直很有责任心，他对自己的药剂师工作感到非常自豪，他真的很喜欢自己的工作。我们谈了9年恋爱，但直到我们结婚4个月后他被解雇时我才知道真相。我从来没想到他一直在滥用处方药——经历了这么多，我现在发现其实早就有迹可循。如果对成瘾不了解，我们很容易忽视它的症状。"

她告诉我，这是一段艰难的时光，她的丈夫不仅因自己的秘密被曝光而羞愧难当，还因为戒断反应承受着巨大的痛苦。"那时，我进入全面的修复模式，"伊莉安娜笑着说，"直到现在，回首往事时我才明白，我以为自己什么都能修复是多么荒谬的想法。"许多人会在经历诱发事件后产生应激反应，伊莉安娜的本能反应不是战斗或逃跑，而是"修复"。

她把注意力转向丈夫，为他制订了一个计划，确保他完成2年的强化治疗，以保留他的药房执照。吉姆除了要向所在州的专业康复项目组报告情况，还要严格遵循伊莉安娜制定的规则和计划表，每天都要向她汇报。"通过和他保持密切联系，以及对他的情况进行管理，我以为我可以控制事态的发展。我以为只要这样做，就可以让我的丈夫改过自新。但是，"伊莉安娜叹了口气，"这只是一个虚无的期待，因为他故态复萌了。我这才明白瘾君子是管不住的，我们只能管好自己。这件事情发生后，我为失去的一切感到悲伤。"

许多模糊悲伤者抱着强烈的希望，想对影响关系的问题进行修复，这是外部希望在起作用。无论是搜集信息帮助我们的挚爱，还是代表他们进行沟通，控制信息发布的内容和对象，抑或控制挚爱受伤害的程度，离诱发事件最近的人常常自封为"修复者"。这很容易理解，因为尽管不是我们引发了诱发事件，但是我们的生活却因此受到了重大影响。伊莉安娜非常认真地对待"修复者"这一角色，担任起建筑师和顾问的角色，但她努力的成果不过是昙花一现，甚至带来了灾难性的后果。"在他又一次滥用药物的时候，我们已经组建家庭并有了2个孩子。这次我的情况变得更加糟糕，"她说，"我病得非常严重，不仅有身体上的疾病，而且我的精神也出现了问题。我实在想不明白，他为何会做出这样的事情，为何这样对待我们的家庭，我对他充满了怨恨。"

在戒瘾康复社区有一句流行的格言："越保密，我们的情况就越严重。"很多人因为至亲的成瘾行为受到影响，就像他们一样，伊莉安娜也不知道可以信任谁，或者可以向谁吐露心声。"一开始我感到很羞愧，甚至都不好意思告诉任何人，尤其是我的家人和朋友。"她解释道，"我对自己说，等事情过去之后再告诉大家，我保守这个秘密是为了保护大家。但是，一切都开始变得难以控制，我一门心思全放在他身上，想让他重回正轨，根本没把注意力放在自己身上。我不知如何是好，但是我知道自己需要帮助。我参加了一个匿名戒断项目，这时事情开始有了转机。"

这个项目沿袭了匿名戒酒会的团体活动模式，是一个专门为受成瘾困扰的人建立的全球性团体。该项目的介绍文案强调它"并不具有宗教性质，而是一种精神生活方式"。它通过 12 步法和很多其他工具来帮助成瘾者走向康复。伊莉安娜这样描述该项目所使用的典礼和仪式："每周的聚会流程都一样，但是主题以及人们分享的内容是不一样的——每次的内容都极具震撼力和感染力。每次聚会结束的方式也很特别：我们手牵手，一起背诵平静祷文（the Serenity Prayer），然后齐声说出：'继续努力！努力就有收获，你值得拥有！'"

"一开始，我感觉有点假大空。但是很快，聚会的所有内容都对我产生了帮助。尽管聚会在一座教堂的地下室进行，灯光昏暗、通风不良，但我还是喜欢走进那个房间。一开始，我害怕下车走进房间，心想：要是被别人看见会怎样？如果我进去，里面有人认识我怎么办？那我的秘密就会被人发现。最终我意识到，在那个房间里，我们能够看见彼此，因为我们有共同之处。"

伊莉安娜开始学习关于物质和行为滥用的知识，逐渐摆脱了羞耻感。她慢慢地认识到，成瘾不是一种性格缺陷，也不意味着道德败坏，而是一种与遗传因素和早年创伤相关的疾病。"那个房间里充斥着各种情绪，人们的理解处于不同阶段，"伊莉安娜一边回忆最初的聚会一边说，"成瘾或者成瘾支持当然没有什么吸引人的地方，但是现在，我将这些聚会视为我生命中最美好的回忆。"

浩瀚星空

我的灵魂飘荡在浩瀚星空，我想起了威尔逊——电影《荒岛余生》里的那只排球，它是汤姆·汉克斯最好的朋友。他们在海洋中分离的瞬间让我感到痛苦，所以我的双手把垃圾桶抓得更紧："不要离开我。"我低声恳求。很快，我就被温暖包围，毫无畏惧地飘浮在星空中。有一个熟悉而友好的灵魂带我到处游荡，我们放慢速度停了下来，这样我就可以看到深浅不一的黑暗，注意到远近不同的星星在跳舞。有些星星一直很亮，一动也不动，有些星星像心脏一样跳动，还有一些星星忽闪忽闪的，就像电插头插到了接触不良的插座上。我看着这一切，感觉自己就是一颗破旧、短路的星星——我听到啪的一声，电源的连接断开了。

在爱的能量无法到达的黑暗之处，只有当我凝视着它，它才能重见天日。当我明白之后，有一处区域立刻通了电，开始播放我的家庭生活影片。这是一部重播过往的纪录片，而我是片中的主演，里面的片段有些我早已忘记，有些我甚至一点都记不起来，但是我知道确有此事。我很高兴可以从第三方的视角对自己的过往进行观察。"啪！"我的视角转换了，我转为以第一人称的视角看待同样的场景，似乎身处一个容器之内。虽然这个容器让我感觉很熟悉，但这并不是我最喜欢的视角。我的意识不断地在这两种视角间来回切换，再转到身处丛林的真实世界。我从三个角度认识了自己：在漂浮于空中的容器里，在哥斯达黎加的床上，以及作为正在从中学习的观察者。从可变的角度进行观察彻底改变了我，我顿时明白这个容器就是我的身体，我正从内往外看。那一刻，我对"我是谁"有了从未有过的深刻理解。

我不是我的身体，我在我的身体里，也存在于身体之外。

我既从我的肉身里感受这个世界，也从远处进行观察、记录和学习。

我同样拥有爱的能量，它一直对我进行指引和教导。

我渴望与人连接，正如每个人都渴望与人连接。

我们给予和接受的爱永远都不会消失——爱把我们连接在一起。

　　我能听到对面的女孩在"咯咯"地笑，但我在浩瀚的星空中找不到她的灵魂。当我在两个世界之间穿梭，我能感受到萨满手中的扇子扇出的微风，听到协助者开始欢迎我的旅伴。我感受到爱的迸发，我知道的所有爱——我所给予的和我所接受的都汇聚在一起。我意识到周围的灵魂都是我在尘世的挚爱，我觉察到我们之间的爱多得惊人。没有愤怒、敌意、遗憾、不满或恐惧，剩下的只有爱，最重要的也只有爱。

　　那温暖、充满爱意的魂魄仍然陪伴着我，但是不再指引我下一步该怎么走。我知道我的课程已接近尾声，尽管我很乐意离开，但是我不知道该如何离开。女孩又开始"咯咯"地笑，她的笑声就像黑暗中的指路灯。尽管我在星空中看不到她，但是我感觉她就在我身边。她一阵阵"咯咯咯"的笑声就像一盏盏指路灯，把我从星空中带回。我泪流满面，这是悲喜交加的泪水。我在泪水中得到净化，心中满是悲痛和感激——我感恩我的悲伤。我与现实达成了和解，我想成为不再短路、时时闪耀的那颗星星，这样我的内在天赋才会恢复，并且再也不会失去——这种天赋就是无条件的爱。

　　如同一座无法承受汹涌洪水的大坝，我彻底决堤。无尽的爱在我内心深处涌动，化为两行泪水在我脸颊上流淌，变成我对自己和挚爱的无条件的爱。躺在湿透的床垫上，我被温暖、充满爱的能量紧紧围绕着。

这股温柔的力量包裹着我，爱意不断被放大和强化："你不是心碎，你是魂断了。"爱的源泉在我心里轻声说："明天再来。"

小贴士：认识致幻药

我认为，致幻药也许并不是能够帮助你从悲伤中康复的良药，但如果你对此感兴趣，我鼓励你多加了解。在被禁用了50年之后，约翰·霍普金斯大学的一个研究小组终于获准在美国重启迷幻药用于治疗的研究，并成立了迷幻药和意识研究中心。在这里，研究人员将"使用致幻剂来研究大脑，并确定成瘾、创伤后应激障碍和阿尔茨海默病等疾病的治疗方法"。

通过仪式与现实和解：开始

通过仪式，我改变了对自己和悲伤的理解。它送给我很多礼物，既回答了旧问题，也提出了新问题。当我回到美国，重新融入日常生活，我开始想，为什么没有其他仪式或典礼来帮助我们处理模糊悲伤——异域的草药并不是治疗的唯一选择。经过几个小时的搜索，我终于明白为什么模糊悲伤没有标准化的仪式，因为我们习惯于将"开始"仪式化，却没有将"结局"仪式化。

当我们认识到结局充满"艰辛"和大多数人无法顺利驾驭的难受情绪，就容易理解以上内容了。想想你最近参加过的几个派对，或者看看你自己的社交媒体动态，你就明白我的意思。我们不仅比较容易和经常性地庆祝我们的开始，我们也会确保它们被很好地记录下来。很多人都会从不同的角度捕捉开始的那一刻，然后用滤镜进行编辑，对声音进行处理。所有这一切，都是为了确保我们的开始值得发布在社交媒体上，留下永恒的印记。

我们用熟悉的仪式来庆祝我们的开始，使得这些仪式永远地留在了社交媒体：用蜡烛装点漂亮的生日蛋糕，用香槟举杯庆祝情侣订婚，性别揭秘派对上用粉色和蓝色装饰来宣布是女孩或男孩，用公开的剪彩仪式宣告新公司的成立。我们用文字庆祝我们的开始：唱生日快乐歌，咏唱感人的诗歌，宣读世代相传的结婚誓词，演讲时致辞说明意图和表达感谢。我们用有意义的象征物庆祝我们的开始：在生日宴会上许愿和吹蜡烛，婚礼宣誓后交换闪亮的戒指，宣布开业时用一把大剪刀和红色蝴蝶结剪彩。

这些耳熟能详的仪式与我们的开始有关——作为一种惯例，纪念生命中的重要节点。虽然这样的仪式经常有其他人一起见证，但这并不是必需的。例如，一个人也可以独自庆祝生日，可以有蛋糕等传统仪式元素，但没有其他人参加。当然，这听起来可能有点悲凉或孤独，但是并不影响仪式的举行，它仍然可以是快乐的。还有蛋糕，对吧？但如果有人见证或者与我们一起分享，我们的仪式就多了两件礼物：肯定和认可，而这两件珍宝会帮助我们与现实和解。

通过仪式与现实和解：结局

与结局相关的仪式，最广为人知的可能就是葬礼。葬礼是为了纪念一个人的逝去，在这个典礼上有各种各样的仪式。家人和朋友相聚在一起，用充满爱意的表达来纪念死者，用感人的故事、珍贵的照片来回顾他们的生平。此外，葬礼上通常还会准备各种食物。但如果我们经历了一段关系的丧失，我们所爱之人仍在人世，或者我们有了"美好的开始"，却没有按预期迎来"美好的结局"，会发生什么？或许，我们私底下能接受生意失败带来的尴尬、婚姻失败带来的痛苦、认知减退带来的人际疏离或者成瘾带来的羞耻感，但我们很少像庆祝开始那样在社交媒体上发帖和晒照片。这并不是说我们周围没有发生结局事件——就算我们自己没有遇到，周围的人也会遇到，然而，我们很少公开诉说，我们的遭遇鲜为人知。所以不难理解，模糊悲伤者仍然是一个未被充分代表的群体。

我怀疑这是因为结局和开始不一样——美好的开始往往伴随着良好的情绪，例如兴奋、开心和自豪，而结局往往伴随着令人不快的情绪，例如悲伤、失败、恐惧、尴尬和羞耻。对此，布琳·布朗在她的书《脆弱的力量》中解释道："羞耻是最强大、最具杀伤力的情绪，它是害怕自己不够好的一种情绪……如果把羞耻放在培养皿里，那么三种要素会让它快速增长：隐瞒、沉默和评判。如果你把同样的羞耻放进培养皿，但加入的是同理心，那羞耻则会失去生存的空间。"

难怪模糊悲伤者没有占用社交平台，把这些艰难、沉重和不舒服的情绪展示出来。但如果带着同理心而不是羞耻感公开呈现我们的结局，也许可以改变这一点。通过接受自己的结局，正视自己的悲伤，我们可以用一种新的方式接受自己。这样不仅可以帮助我们更好地识别结局，尊重自己和他人的悲伤体验，也会让别人知道可以公开展示自己的结局。通过这种方式，悲伤成为连接彼此的媒介，让我们因共同的人性团结在一起并互相提醒，如同心理学家及作家拉姆·达斯（Ram Dass）所说："我们只是彼此陪伴走上回家的路。"

拥抱你的结局

对于伊莉安娜来说，每周定期参加匿名戒断项目，让她获得了前所未有的洞见。聚会帮助她接受了丈夫既是个好人又是个瘾君子的现实，让她明白了自己的旧生活已经翻篇，她有能力重建新生活。正如她和我分享的："这些聚会正是我所需要的，它们帮助我应对悲伤，通过重复'3C'法接受现实：这件事不是我造成（cause）的，我无法控制（control）它，也无法治愈（cure）它。一旦接受了这一理念，我就开始用不同的眼光看待事物。具体而言，我开始明白自己不能成为问题修复者——这是不可能的，但是我可以成为协助者。我要做的事情是照顾好自己，因此，我选择定期参加聚会，按照自己的节奏走好每一步。"

伊莉安娜和吉姆的婚姻步入了第 15 个年头，她也坚持参加了 8 年聚会，对于他们来说，康复中的生活已经成为他们的新常态。"活在当下。"他们仍然在一起，两人都有自己的康复计划。伊莉安娜早期的羞耻感消失了，当她谈到丈夫时，声音里明显流露出骄傲之情。丈夫每天都坚持康复训练，她的不满已经被敬佩取代。现在，伊莉安娜已经不再抱有虚幻的期待，也不再错误地认为自己可以控制别人。这些聚会在帮助她与现实和解方面发挥了很大作用，所以她一直坚持参加。伊莉安娜说："最近有位新加入的成员问我，为什么我还在坚持参加聚会。我告诉他，这个项目让我变得脚踏实地，教给了我所需要的方法，而我的参与也给别人带来了希望——通过告诉他们还有更好的生活方式。"

创造自己的定制仪式

如果没有定期的聚会或者具体的仪式来承载你的丧失，你可以自行定制适合自己的仪式并加以实施。这样的话，你就可以为自己的康复之路添砖加瓦。你会发现，像我一样为自己的结局定制一个仪式或典礼，可以起到共情作用，让我们自己或者其他人感觉到被理解。例如，你为结局定制的仪式可以是大声朗读一封信来纪念自己的丧失，或者为一个重要的日子赋予新的意义。也许，你会用一次特殊的旅行、一件有纪念价值的艺术品、衣服或者珠宝来纪念你的丧失。对于我而言，为结局举行仪式的想法源自我在丛林中的体验，我由此自创了所谓的定制仪式（Faux-u-neral），用以承认婚姻的丧失。你也可以创造属于自己的定制仪式，来庆祝和纪念给你带来悲伤的结局。

定制仪式不需要特别华丽和盛大，所以不要让成本或者方案成为你行动的障碍。我的定制仪式是在湖边举行的，有两位不是家人胜似家人的密友参加，他们非常了解我的婚姻状况。我们一起坐在毯子上，沐浴着夕阳，旁边站着一只美丽的蓝鹭，它成为不请自来但非常受我们欢迎的见证人。我致辞哀悼自己的婚姻，我们一起回忆过去，为美梦成真的事情拍手称快，为无法实现的愿望悲伤哭泣。我们用智能手机播放音乐，边听边哭。我专心致志地听着，两位哀悼者并排送上诚挚的慰问。此刻，我的丧失终于得到确认。我不是无可奈何的受害者，也不是以前那个震惊到抽搐的自己，而是一位失去挚爱丈夫的妻子。2年多来，我一直是一位苦苦等待的寡妇，就像一个替身，在一个自己都不知道是谁的角色中徘徊。当我们从岸边的毯子上起来的时候，那位不速之客也站了起来，展翅飞向空中。它先是从我们前面掠过，然后越飞越高，最后消失在我们视线中。看着蓝鹭一路飞远，我深深地意识到：通过仪式纪念我的结局和丧失，灵魂破碎的我已经准备好启航飞翔。

练习16：策划你的定制仪式

确定好时间和地点，邀请一些人见证，准备好讲话内容，分享以往的图片，选择对你来说有纪念意义的音乐，以此来悼念你丧失的关系。无论是在最好的朋友面前，在你的爱狗面前，还是你独自站在月亮面前，见证者都是仪式中重要和强有力的因素，可以证明你经历了失去的痛苦。当你举行仪式时，将它公布在社交媒体上。这样，我们就可以一起以结局为荣，将丧失看成一件正常的事情，培养集体的同理心，让别人知道悲伤的价值和魅力。

也许有一天，我们会像庆祝快乐一样庆祝悲伤，并创造一种文化——在这种文化中，美丽的新娘、伤心的寡妇以及所有模糊悲伤者都能得到同样的接纳和理解。

邀请其他人进一步理解他们的结局，这样做，你可能会发现：

- 你并不是唯一一个从这种仪式中受益的人。

- 模糊悲伤者比你想象的更常见。

- 参加定制仪式的客人可能会为同一个人的离去而哀悼。

穿越康复之路

典礼和仪式有助于纪念我们的过去和现在，调和复杂、扭曲的情绪，特别是互相冲突的情绪，例如爱和痛苦、羞耻和骄傲、遗憾和感恩。它们让我们感到慰藉，感受到社会支持的好处，这样，我们的模糊悲伤之旅就变得不再那么孤单。此外，我相信典礼和仪式是重要的工具，可以帮助我们整合矛盾的自我，使我们在爱和丧失之间达成和解。

记住，和解并不意味着生活倒退，和解是接受过去和现在的关系，甚至接受目前关系已经不存在的事实。无论你决定如何和解，当你这么做时，就已经走在康复之路上。因为，无论你是参加萨满主持的古老仪式，还是自行创造有朋友在场的定制仪式，在他人的见证下纪念你的丧失，既是对过去的承认，也是对现在的接纳。仪式改变了你的痛苦，将它转化为爱，而不是转化为悲伤。爱是我们悲伤的种子，也是我们通用的语言。无论是生还是死，爱都将我们连接在一起，也将我们与悲伤连接在一起。即使我们所爱之人已经远离，爱也不会消失。当你踏上康复之路，请带上你的爱——你肯定用得上。

第六章

从康复到重生

我认为人必须经历一次心碎，而后敞开心扉，才能拥有完整的心智，开始设身处地为他人着想。

——理查德·罗尔（Richard Rohr）

遭遇诱发事件后，你一直不屈不挠地用自己的方式与悲伤抗争。你已经从情绪的旋涡中解脱出来，没有继续在两种希望之间疯狂摇摆，而是真正步入内部希望之路，建造了通往康复的桥梁，以自己的方式与现实和解，并一步步走到了这里。请为自己点赞，你做到了——你很清楚，并不是每个人都能做到，也不是每个人都愿意选择这么做。康复太难了，特别是开始的时候，人们很容易感到失望。虽然一路斩妖除魔、历尽艰辛到达了目的地，但是，仅仅到达目的地并不意味着大功告成，它还会引发很多现实层面的思考。除此以外，康复后并非没有障碍，实际上到处都埋着地雷——隐藏在表面之下的情感炸弹需要你凭借自己的知识和经验进行拆除。

何为康复？

长久以来，美国和世界各地的组织对康复的定义不尽相同。最近几年，这个词通常与摆脱物质滥用联系在一起。为了消除对成瘾的污名化，康复研究所在《成瘾》（*Addictionary*）一书中将康复定义为："在经历与物质使用相关的状况后，身体、心理、社会福祉和健康得到改善的过程。"尽管这一定义不能直接用在悲伤的康复上，但两者的康复过程相似。具体到悲伤的康复，约翰·詹姆斯（John W. James）和罗素·弗雷德曼（Russell Friedman）在他们合著的《悲伤康复手册》（*The Grief Recovery Handbook*）中将康复定义为："找到生活的新意义，不再害怕再次受到伤害，能够享受美好的回忆而不将其视为痛苦，并获得帮助我们直接处理丧失的技能。"

从治疗的目的出发，模糊悲伤的康复定义同时融合了成瘾和悲伤的康复定义。但帮助我真正理解康复的不是别人的定义，而是我自己的定义。我努力不活在别人设计的框架下，而是寻求为自己构建新的定义。我首先对康复的概念进行逆向思考，先弄清楚它不是什么。乍一看，这似乎有悖常理，但文艺复兴时期的著名艺术家米开朗基罗也使用过逆向创作法。在创作他的杰作《大卫》时，米开朗基罗说过："在我开始工作之前，大理石块内的雕塑就已完成。它已经存在，我只需要凿掉多余的石料就行。"运用逆向思维，你可以过滤掉那些不符合康复定义的内容，创造自己的康复定义版本。对于我来说，模糊悲伤的康复有三点"不是"：

- 不是每个人的情况都一样。
- 不是达到目的就意味着大功告成。
- 不是恢复到丧失之前的你。

通过对以上三点"不是"进行解构，我最终确定了康复这个阶段对我来说意味着什么，以及如何继续生活下去。当你对这部分进行探索，一定要做好笔记，记录下你的"不是"，这最终会帮助你定义什么是康复。当我发现以前一直喜欢的运动——跑步——不再像以前那样给我带来益处时，我确认跑步不再属于我的康复内容，这为其他康复内容挪出了空间——我对徒步的热爱由此诞生。你的新发现不一定是你想要的，但请试着对此保持开放态度。康复本身需要过程，寻找和塑造自己对康复的定义也需要过程。当逐渐把"不是"康复的内容剔除，你会慢慢过渡到你为自己创造的生活中。把目光放在自己的道路上，对于别人需要但是对你没有帮助的东西，我们只要抱着尊重和不评判的态度即可，反之亦然。当你进入并开始熟悉这最后的康复阶段，我建议你用爱来武装自己，特别在一开始，因为每个人的康复之路都不一样，发生的转变也不一样。

关于康复的两个故事

为了更好地理解康复，我们将从几个不同的角度来看待它。就像欣赏一件艺术品，视角可以影响你的解读，甚至塑造你的体验。艺术和康复都是主观的，即使两个人站在相同的位置欣赏同一幅画，也会有完全不同的体验。薇琪是一位为孩子的性别认同感到悲伤的家长，亚历克斯是一位重新面对自己性别身份的男性，他们两人都在同一诱发事件带来的模糊悲伤中痛苦挣扎。尽管他们的故事代表了不同的视角，但两人都遭遇了爱和丧失，强烈渴望得到认可。尽管花在康复上的时间不同，但他们都发现过渡到这一阶段是一个巨大的挑战。

为女儿变性而悲伤的薇琪

"这真的很困难，但一开始更糟。"薇琪讲述着自己经历的模糊悲伤。"当已经成年的女儿让我坐下，告诉我以后要对她使用代词'他'时，我感到很疑惑。我虽然不明白，但我想尽力弄清楚。很快，女儿再次让我坐下，告诉我她正在安排一次变性手术——她即将成为一名男性。我愣住了。我开始哭泣，被悲伤席卷。在那段日子里，我一直哭泣，甚至工作的时候也是如此。有时我会感到愤怒，或者干脆否认。在悲伤的早期阶段，讨价还价的行为尤其常见。我花了很多时间进行祈祷。我实在不愿意失去我的孩子。我知道她的肉体并没有死亡，但是在很多方面，我都感觉自己确实失去了她。无论如何，我还是爱她。让我伤心的是，我的悲伤从来没有被确认。"

很多像薇琪这样的父母，面对孩子前所未有的变性经历时感到非常困惑，复杂、矛盾的情绪排山倒海般向他们袭来。这也许是一段孤立无援的经历，因为父母出于各种考量不得不对其他人隐瞒此事：他们可能被子女要求不要透露相关信息，也有可能是自己决定不告诉别人。不管出于什么原因，如果父母不去寻求情感支持，他们可能会发现自己处于孤立状态，既无法支持自己的需求，也无法支持他们所爱的孩子。在薇琪的孩子说出真相的几周里，薇琪感到孤单和害怕，但她不知道为什么会这样。为了尊重女儿不想让其他家人和朋友知道此事的愿望，她没有和任何人说起这件事。即便如此，她仍然面临着失去这段关系的风险。如她所说，这是因为"我不可以犯错，也不可以悲伤，但我两样都做了"。

"令我难过的是，我犯的那些错误都是无心之过。例如，我喊她原来的名字，会被认为是变性恐惧症（transphobic）。我并没有变性恐惧症，我所在的父母团体里也没有人有变性恐惧症。事实上，作为父母，我们也在经历转变。我们要对自己抚养的孩子说再见，对我们的关系说再见，对我们曾有过的梦想说再见。喊女儿原来的名字，并不是因为我有变性恐惧症或者不支持她，而是因为这个名字我已经喊了很多年。在她来到世界上进行第一次呼吸之前，我已经开始使用这个我满怀爱意为她精挑细选的名字。她喜欢让我叫她什么都可以，因为我爱她。我不在意她的性别，我爱的是她这个人。"

因变性与家人失联的亚历克斯

我们需要同情那些遭遇变性以及正在处理和努力适应此事的人，包括变性的当事人和他们周围的人。从薇琪的故事里，我们可以了解到，正在经历变性的人将事情告知家人后，往往会遭遇家人不同程度的拒绝，亚历克斯就经历过这种情况。他是我遇到的另一位模糊悲伤者，他在 10 年前做了变性手术。亚历克斯告诉我："听到父母说我有问题，我非常难过。为了尊重真实的自我，我无法再成为家庭的一员。我的父母和其他家人都生活在这个地区，这让我的生活变得非常艰难，尤其是在节假日。在开始的时候，日子特别难熬。"

"现在我好过一些了，但是一开始，真的很痛苦。看到他们的车停在我童年住过的房子外，我和他们却形同陌路，真的很让人沮丧。我知道他们正在房子里欢聚，参加我在成长过程中喜欢的各种传统活动；我也知道，他们正在谈论我对他们的伤害有多深。我真的希望他们当中的某个人能为我说话，帮助其他人看到我还是一直以来的我，只是现在我的身体看起来更像它该有的样子——可是没有人这么做。他们告诉我，我也可以参加这些聚会，但前提是我要以他们想看到和以前所熟知的样子出现。但我不想再演戏了，我在一个从不属于我的身体里演了太久了。我终于不用再演戏了，但令我失望的是，没有一个人为我高兴，连假装高兴的人都没有。他们与我断绝了关系。"

亚历克斯不愿意再扮演家人所期待的角色，在过去10年的大部分时间里，他都在面对模糊悲伤，试图寻求治愈的方法，过上全新、幸福的生活。最终，我们必须接受一个事实：无论出于什么原因，如果对方不再爱我们，而我们仍对其心存期待，这对我们的康复毫无用处。但是，学会用不同的方式去爱，是可以治愈创伤的。无论是否把爱说出口，无论说的声音大小，无论两人距离远近，在我们需要时，爱都会马上出现并陪伴我们一路前行。

谁应该拿奥斯卡金像奖？

薇琪和亚历克斯的故事告诉我们，经历挚爱变性，会伴随强烈的心理变化，我们应该对卷入其中的人抱有同情之心。尽管薇琪和亚历克斯毫无瓜葛，但他们却代表了同一诱发事件中的父母和孩子角色，呈现了某种亲子关系模式。有趣的是，我发现两人都提及平时的行为有表演成分。"我的演技都可以拿奥斯卡金像奖了。"薇琪笑着说，"每次互动我都要小心翼翼，严格遵循着他们给我的剧本，上面详细地罗列着我可以说什么，不可以说什么。"

"在跨性别群体里流行一句话：'跨性别群体是值得庆祝的。'我同意，因为我爱我的孩子，我想祝福我的孩子，为我的孩子庆祝。但是，这句话完全没有提及悲伤的父母和亲近的家人，而是直接忽略了他们的感受。尽管这句话意在表达同情，但从头到尾我都没有感觉到自己以及其他跨性别者的父母被看见。根本没有类似的话表达对我们的同情，我们似乎不被允许表达悲伤——如果想继续维持与孩子的感情，我们就不能表达自己的真实想法。"

"最终，我通过一个团体找到了同伴，我从来没想过居然有这样的团体。"薇琪告诉我，"有一群信奉福音派基督教的父母，他们的孩子是性少数群体（LGBTQ），因为他们坚持与孩子站在一起，教会驱逐了他们。他们遭遇的丧失各不相同，但大部分人都失去了婚姻、朋友、家人，甚至失去了工作，为此他们感到悲伤。他们欢迎像我这样因孩子是变性人或非异性恋而遭遇悲伤的父母加入团体。尽管我们的遭遇不尽相同，但这是目前我能找到的与我的情况最相近的团体。它可以帮助我搞明白生活的新常态是怎样的，以及如何顺利地过渡到新常态。我不想永远陷入悲伤之中，也不想被孩子拒之门外，因而这是我继续前行的方式。如果我必须为孩子假装自己若无其事，那我只能加入团体。在团体里，我可以带上我的悲伤，并光明正大地释放我的悲伤。"

薇琪和亚历克斯都因同一诱发事件而遭遇模糊悲伤，但他们所处的位置不同，所以探索康复的方式也截然不同。对于亚历克斯来说，康复是痛下决心不再演戏，把关注点放在那些真心实意、无条件接受自己的人身上。对于薇琪来说，康复是在孩子面前找到快乐。尽管要做到这一点，她必须在与孩子见面前先预演，害怕自己因为说错台词而被删除戏份。值得注意的是，他们有一个显著的共同点，那就是当他们从悲伤中康复时，都选择了把爱作为自己康复的工具。

爱是康复的工具

对于薇琪和亚历克斯来说，爱是他们开始前行的工具。最终，他们平静地接受了以往的关系已经不复存在的事实，接受了他们要在新的规则下对关系进行重新定义的事实。因为爱的可塑性很强，所以对于模糊悲伤者来说，爱是最完美的工具，在康复阶段尤为有用。在亚历克斯的故事中，以及前面所讲的约翰的故事中，你可能已经留意到爱的微妙存在。尽管在亚历克斯的故事中，是儿子被家庭疏离；在约翰的故事中，是父亲被女儿疏离，但他们都下定决心把爱作为工具，默默地怀念，安静地祈祷，构建新的仪式。

当然，你也可以把爱用于适合面对面交流的场景。我们在贝丝身上看到了这一点：当她准备把母亲送到失忆护理中心时，她的行为都以爱为基础，让善良、温柔和尊重流淌。薇琪也是这样做的，她发现爱一直是支撑她的利器，是她在需要时可以使用的工具。她认为自己的演技可以"媲美奥斯卡金像奖"给人不够真诚的印象，但是透过爱的镜头，我们看到一位母亲不想失去她所珍视的关系，她感觉似乎只有继续表演才能一直拥有这段关系。

通过这种方式，薇琪运用了我们在第四章提过的情绪概念。心理学家威廉·詹姆斯认为，我们的行为会引发情绪，而不是情绪引发行为。(例如，我们笑，所以我们感觉快乐，而不是因为我们感觉快乐，所以我们才笑。）角色扮演（act as if）原则就是建立在威廉·詹姆斯的观点之上。最近围绕这一观点展开的工作支持了这一概念：有意识和有意图的行为可以积极地影响期待的行为结果。理查德·怀斯曼（Richard Wiseman）的《扮演原则》（*The As-If Principle*）提供了一些例子。例如，如果想要表现出更强的说服力，就在说话的同时点头；如果你想减肥，就用非惯用手吃饭；如果你想与伴侣重燃浪漫，就表现得像新婚夫妇一样。

无论薇琪是否了解自己正在使用扮演原则，她所期望的结果都是源自爱。因而，她用自己的方式来处理母女关系。她告诉我，对于有类似经历的父母来说，这种情况并不少见。"我们来自不同的环境，但我们却因独特的丧失经历而走到一起，我们都选择不放弃、不拒绝我们的孩子。"她告诉我。"我认为这证明了一个强有力的事实：在这个由变性人或非异性恋的父母组成的新团体里，经济、文化、宗教信仰如何都不再重要，重要的是这些父母都试图去理解自己已经变性或者正在经历变性的孩子想要什么。我们努力学习，因为我们爱自己的孩子。爱是一切的中心，我们爱自己的孩子，无关他们的性别。我过去一直爱我的孩子，我将会永远爱她。"

爱的警示

爱这个工具可能并不适用于所有的模糊悲伤者，特别是下面这些人：

- 经历丧失并且留下严重创伤的；

• 患有创伤后应激障碍的人;

• 没有完整地体验与悲伤各阶段相关的所有情绪和情感的人;

• 没有主动实践内部希望、无法识别外部希望和左右摇摆的人。

如果该工具导致你萎靡不振、过于渴望,或者出现复杂性悲伤、持续性悲伤的迹象,请立即停止使用。

练习 17: 爱的回忆

花点时间回忆让你经历悲伤的挚爱,回忆你对他 / 她的爱。如果你脑海里充斥着其他情绪,如愤怒,要感受到对他 / 她的爱是相当困难的。那么,请回想某个你的爱还完好无损的时刻,允许你的思绪飘回两人依然相爱的某个画面。请选取三个这样的画面,然后把它们记录下来,细节越具体越好。

例如,我回忆的一个片段发生在度蜜月的时候。蜜月头两天,我们走了好几个小时的路,我们一起用脚步丈量这座我们从没来过的城市,参观博物馆、游览景点和光顾餐馆。第三天,我们已经筋疲力尽,但仍想继续探索。我们看到一辆绿色的双层旅游巴士,于是坐上去继续观光。尽管我们是车上最年轻的乘客,但我们却赖在这里整整一天,只有下楼买票的时候才会离开上层的座位。

回忆这些甜蜜的片段并记录下来,可以帮助你记住这份爱,并把它打磨成治愈自己的利器。你对自己的记忆回想和反思得越多,你发现的细节也就越多。挖掘回忆带给你的视觉、嗅觉、味觉、触觉和听觉体验。当你回忆时，一定要记录下来，让这些爱的细节得以留存。当形成完整的文字后，允许自己在回忆以及各种情绪中细细品味，尤其是品味你在这些时刻所感受到的爱。当你觉得自己感受到爱之后，想象自己把爱装进瓶子里，把它当成工具进行保存——你以后可能会经常用到它。

当你步入悲伤的地雷阵，你有时会感到不堪重负，并且在两种希望之间左右摇摆。这时，你可以提取关于爱的回忆，让自己保持安静，让爱在全身流淌，让自己感受到满满的爱意，并想象自己将爱送给你为之悲伤的人。无论你以什么方式表达爱，最终你都会像我一样发现，爱是一种强有力的利器，可以平息你在这一阶段经历的悲伤浪潮。

然而，对某些人来说，这一工具并不适用。因为当丧失出现时，并不是所有的爱都能保持完好无缺。如果挚爱的肉身已经死亡，爱往往会得以保留，但对于那些挚爱仍然活着的人来说，情况并不总是这样，因为两者之间还有牵绊，难免会有互动、痛苦和伤害。对于这些心碎的模糊悲伤者，以及那些遭遇创伤的丧失者，唤醒他们的爱弊大于利。一定要阅读前面的"爱的警示"，和你的心理治疗师进行讨论，以确定这个工具是否适合你。

避开你的雷区

尽管你非常努力地想要康复，但是，丧失带来的痛苦并不是努力就可以克服或者摆脱的。没有人可以做到，因为心碎后产生的痛苦并不会消散，而是会被内化，成为你的一部分。它将和你一起度过这个阶段，并会一直伴随你来到这里。一开始这可能很难理解，但你为治愈所做的工作从来都不是为了抹去你的丧失或痛苦，而是为了帮助你熟悉它，以便你学会管理它，并将它融入你的生活。这跟人们处理偏头痛或者糖尿病之类的慢性病类似。无论何时你感到模糊悲伤在涌动，你都可以使用之前掌握的任何工具作为你的定海神针，这样你就不会被汹涌的波涛卷走。

让我们从绘制自己的潜在雷区开始，把那些很好识别的雷区先标识出来，以便提前避开。首先是那些你已经知道的雷区，例如日历上标出的日子。假期和纪念日是特别容易爆雷的日子，它们承载着过去的回忆，有很多传统活动在这些日子里举行，很容易引发悲伤、带出抑郁和激活愤怒。这些日子无止境地年复一年地出现，你无法避开，也无法期待下一年它们就不再出现，但你可以把这些容易爆雷的日子标识出来，提前做好准备，减少它们对你造成的影响，比如，把所有潜在的日子、地点、事件和其他相关的东西都找出来，从中挖掘可能会给你带来痛苦的点，并制订可替代的计划。例如，我会在一些特殊的日子出城，选择到大自然中徒步消磨时间，而不是待在家里——有段时间，我回到家感觉就像回到了事故现场。如果我感觉到有些活动容易对我产生刺激，那么我会选择以自己能够承受的方式出现，例如，我只出现10分钟，而不是待上1个小时，或者根本不去参加活动。简而言之，我会尽力想办法减少事件对自己造成的影响，用最好的方式照顾好自己。

当然，并不是每个雷区都可以顺利避开，所以你要做好心理准备，迎接不可避免的爆雷。有时，一些看似无害的场景也会击中你：迎面走来的陌生人身上散发着挚爱常用的香水的气味；你在商店里买东西时听到的歌曲是挚爱最喜欢的那首。你的感官受到的这些刺激看似只是擦边球，但威力巨大，甚至可以将你击晕，而且这些都是在毫无预警的情况下发生的。面对如此突然的袭击，为了帮助自己恢复平静，请记得利用前面分享的工具——冥想、正念、对自己可以控制的事情进行分类和归档，或者重新阅读你的分离准则。这些工具，以及我后面分享的其他工具，都可以很好地应对这类突然袭击。要记住，雷区跟康复一样非常个性化，对每个人来说都不同。所以在这一阶段，你的经历可能和其他人不太一样——但都没有对错之分。

康复不是修复

我们在悲伤阶段体验到的感受并不是整齐划一、直线发展的，康复也是如此。尽管每个人的康复情况不尽相同，但处于康复阶段的人都清楚一个普遍的事实：康复并不是"达到"即"完成"的事情——不像玩电子游戏，只要通关就不用再退回上一关。虽然在整个悲伤旅程中，我们一直在追求康复，但进入这一状态并不意味着我们想象中的终点线已经被跨越，也不意味着我们可以停下疲惫的双脚，从此沐浴在全新、轻松的生活氛围中。到达康复这一阶段只是暂时告一段落，对于大多数人来说，它不是目标，也不是终点。幸运的是（也可能是不幸，这取决于你如何看待自己的悲伤之旅），在艰难的旅程之后，康复不仅给你提供了一个喘息的机会，还给你带来了一系列新的机会，邀请你进行自我挑战，以全新的视角认识自己和世界，从而获得很多新的想法。你的爱和丧失如此独一无二，同理，你如何走完自己的旅程、一路上能学习和收获到什么也是独一无二的。在继续旅程前，请花点时间思考一下，你从以下提示中获得了哪些智慧。

练习 18：好事成三

仔细思考，完成以下句子："在悲伤的时候，我学会了_____。"至少写三点，并且不带任何评判。尽可能多写一些，我们后面会对此进行讨论。

当你反思在这段经历中学到了什么时，你可能会发现，能力的增长并没有因为到达康复阶段而停止。真实情况是，康复期间的生活为我们提供了成千上万的独特课程，帮助我们终身学习。无论你经历了断腿、药物成瘾还是模糊悲伤，康复需要的不仅是时间，还需要专注和持续的努力。随着时间的流逝，我们可以对遇到的新机会说"是"，这样我们就可以一直学习和成长。你可以尝试阅读、交友、针灸。只有对机会抱持开放的态度并加以实践，才能知道自己有没有这方面的天赋。要平衡开放的心态和自我洞察力，因为我们比其他人都要了解哪些治愈方式和爱好会让自己感到兴奋，哪些不会。即使你尝试某种方式后，发现自己不喜欢，最后只收获了"我不会再做这件事"的想法也没有关系，因为学习也是一种天赋。（比如，空中瑜伽就不是我的菜，我只能看看而已。）

无论你的新体验是否让你感到愉快，参与活动以及随后进行的处理都需要消耗能量。如果有时你感到疲倦，几乎被学习压得喘不过气，那说明你已经准备好去完成康复期的任务了！如果你在没有学习的情况下也感到疲倦，只是想坐着哭一会儿，那或许说明在前进的道路上，你忽略了一些成长阶段，或者你在某处拐错了弯。你可能要折返重来，直到自己回到正确的路上。当你准备好的时候，你会找到自己的路，但首先你要把该做的事情做完。也许，你可以走捷径进入康复阶段，但无法维持太久，因为你无法真正找到治愈的方法。匿名戒酒会的成员都知道：康复阶段是一个适合安营扎寨的安全之地，但只有在你真正找到属于自己的方式后才能站稳脚跟。

创建你的康复名册

如果你身边有了解情况的人，并且通情达理，那么你过渡到康复阶段也会比较顺畅。这些人可能是你早已熟知的，也可能是你后来新结识的，无论你是如何找到这些人的，一定要确保自己身边有这样的人。要与你的同伴保持联系，无论你是通过线上还是参加面对面的支持团体来保持联系，在悲伤的早期阶段都非常有帮助。

然而，在康复阶段，你可能不再像以前那样依赖你的同伴。当你参加的活动和接触的人越来越多，可以把这些人想象成你的"特别行动队"成员：就像参加一场战争，当需要增援时，你可以联系他们。当你开始适应康复阶段的新生活时，回顾一下你认识哪些人、有哪些资源，这将会帮助到你。创建你的康复名册是一个很有针对性的方法，即把你经常接触的人、团体和活动列出来。它有两个目的：帮助你清楚地意识到你的时间是如何分配的，以及你参加的活动如何影响你的悲伤。例如，你曾疏远最好的朋友，而你现在正从丧失中康复。这时，如果你和你们共同的朋友一起用餐，可能会让你重拾外部希望。如果这些共同的朋友同时也是你的同伴，那么可以先建立边界，筑牢保护线，以免你们的谈话偏离正轨，迎头撞向外部希望。无论你的诱发事件是什么，都要建立边界。例如，你的母亲罹患精神疾病，你正为此事带来的丧失感到悲伤，如果你长期担任当地母亲节午宴的主持人，对你来说，这并不是最佳选择。

当你认真地考虑自己的康复名册时，想一下，如果要为自己打造一个新的空间，你愿意让谁待在你身边？例如，尽管你喜欢与那些共同的朋友在一起，或者主持母亲节午宴，但他们不会为你的情绪健康带来什么好处，至少目前来说是这样。无论你与所爱之人的关系如何，你都有无数理由把一些人从名册中删除，因为他们已经不适合继续和你交往。他们不一定对你的康复有帮助，但是，他们一定不能成为阻碍你康复的绊脚石。有时，搞清楚两者之间的差异有点棘手，但有一个简单的测试可以帮助你辨别：和他们相聚之后你感觉如何？你感到非常快乐和充满活力，还是筋疲力尽和心灰意冷？如果经常是后者，就要重新评估他们是否应该继续留在名册中。另一种方式是列出你最看重的 10 种特征和属性。你可以使用这个列表筛选出名册上的候选人，也可以对现有名单进行调整。这并不意味着没有入选的人不能出现在你的生活中，但这确实为你提供了一个可以快速筛查和反复校验候选人的方法，从而帮助你确定应该保留、招募或删除哪些人。

随着你越来越了解哪些人和事有利于你的康复，你可能也会意识到哪些人不利于你的康复。虽然不太容易，但放弃那些对你不再有用的东西是很正常的事情，尤其当你适应康复阶段以后。允许自己放下，如果你需要协助，回顾一下我在第四章分享的工具，重新启用这些工具。即使你现在没有感觉到不对劲，但你仍然会发现，在某些场合你需要借助这些工具放下你的挚爱（再次），把一些人从你的康复名册中删除。当你这么做时，要温柔地呵护自己。记住，放下是循序渐进的过程，很少有人第一尝试就能完全放下。无论你尝试了一次还是上百次，练习放下都是为了牢牢地锚定自己想要的东西。一旦学会放下，你在这一阶段唤醒的天赋就会开始迸发。

踏上你的英雄之旅

对某些人来说，康复意味着回到"从前"——回到受伤害之前，回到物质滥用之前，回到遭受丧失之前。但是，从痛苦中康复并不总是意味着回到健康、清醒、快乐的过去。不过，有些人这么想并不奇怪，毕竟，这种认知充斥着我们的娱乐节目。从儿童书籍到经典影片再到动画电影，人们喜欢看到主角历尽千辛万苦战胜困难和敌人，迎来皆大欢喜、发人深省的结局。当看到我们的英雄凯旋，从此过上幸福美满的生活时，我们松了一口气。例如，桃乐丝在堪萨斯州醒来时，她的朋友和家长都陪伴在床边。这种情节模式在我们内心深处产生了深刻的共鸣，似乎已经与我们的基因融为一体。从古代的神话故事到现代的电影剧本，我们都可以看到英雄受到召唤踏上冒险之旅，接受高人指点，面对挑战和诱惑，经历失败和转折，最后胜利归来。

约瑟夫·坎贝尔（Joseph Campbell）在《千面英雄》（*The Hero with a Thousand Faces*）一书中首次提出这种情节模式，并将其命名为"英雄之旅"。坎贝尔指出，尽管最后英雄会带着在艰难旅程中觉醒的天赋凯旋，但这并不意味着这次冒险结束。相反，旅程结束的方式会有所不同，包括我们如何对待自己觉醒的能力和天赋，更重要的是我们用它们做什么。无论是桃乐丝想回家，还是你想变回遭遇丧失前的自己，都不太可能这么简单地重启以前的生活。毕竟，当你明知道自己懂得的东西已不同往常，又如何能一键删除呢？你经历了现实的考验，克服了无数困难，学到了宝贵的经验，如果对整个过程抱有开放的态度，又做了本书提供的练习，那么你已然获得了成长。如果是这样的话，这意味着你以全新的视角迈入了全新的阶段：关于人生、丧失、悲伤、你自己以及其他事情，你的看法已经改变。这是我们悲伤过程中的重要组成部分，但我们往往没有发现自己的成长，我们忽略了自身蕴藏的巨大宝藏，所以无法很好地为自己和他人服务。这就是为什么康复不是变回以前的自己，我们也不应该期待变回过去的自己。

找到自己的意义

当我开始研究模糊悲伤的过程时，我留意到自己内心发生了一些变化。我返回查看那些调查数据，试图找出一些蛛丝马迹，证明其他人也有同样的情况，用艾米的话说就是："这些人生活在另一头。"我的怀疑很快得到证实，研究悲伤的专家大卫·凯斯勒发表了他的研究成果，他认为悲伤的第六阶段是意义。这也是为你的整个旅程所准备的倒数第二个工具。让我们一起探索意义是什么，以及如何找到自己的意义。

如果你现在翻起了白眼，我不怪你。基于你在丧失、悲伤和治愈方面的独特经历，你可能对了解意义毫无兴趣。你可能会觉得意义和悲伤的其他阶段一样不过如此，因为物以类聚，对吧？我明白，因为我们知道悲伤的前五个阶段（否认、讨价还价、愤怒、抑郁和接纳）都是不愉快的过程，就像邋遢的过街老鼠一样，不受大家欢迎。但意义不是这样的，它是唯一一位被邀请进门的客人，它尊重边界，只有被邀请才会出现。当然，我留意到有时它会路过，但是作为一个有礼貌的阶段，它会等待一个适时的邀请。然而，对这一阶段进行驾驭并将其作为工具之一，要掌握好发出邀请的良好时机，并在需要的时候收回邀请，这具有一定的挑战性。

从接纳到意义

意义就像一位智慧的老师，它不会为了把你从麻烦中解救出来而直接给你答案，或者告诉你应该走什么样的路。相反，它会耐心地倾听，并将你的智慧反馈给你。意义可能知道答案，但它不会直接告诉你答案，因为它知道必须由你自己去找寻答案。你必须认真地聆听内心的声音，凭直觉找到答案，而在你这么做的时候，意义会给予你足够的支持。在一定程度上，意义就像坐在一群邋遢的客人中间的心理治疗师。虽然看心理治疗师并不是强制性的，但是它具有潜在的影响力。只有当你准备好了，它才会起作用。

在《寻找意义：悲伤的第六阶段》（*Finding Meaning: The Sixth Stage of Grief*）中，大卫·凯斯勒写道："寻找意义的第一步是悲伤的第五阶段——接纳。"虽然这本书是写给遭遇丧亲的悲伤者，但这句话同样适用于模糊悲伤者。无论我们因亲人的离世而陷入悲伤，还是因为诱发事件而遭遇模糊悲伤，如果我们一直无法接受遭遇丧失的现实，那么想在丧失中寻找意义就会徒劳无功。因为意义要以接纳为基础，它就像你用来爬山的绳子，只有绑住的岩石足够坚固，绳子才能更牢靠。尽管可以很容易地用很多线拧成一根结实的绳子，但如果岩石松动了，绳子就很容易滑脱。同理，如果接纳没有达到一定程度，就无所谓寻找意义。跟高山上的岩石一样，接纳也要经历一个漫长而缓慢的形成过程，要经历季节变迁和风吹雨打才能真正完成。

我采访了很多模糊悲伤者，他们经历悲伤的时间各不相同，从最开始到彻底接纳现实的平均时长约为4年。如果你还没到达这一阶段，请一定要耐心等待。记住，接纳不是漠然处之或被动认可，而是承认目前的状况，不带执着地渴望，也不希望它变成别的样子。当你注意到你无须像以前那样经常提醒自己放下，在求而不得的愿望上煎熬的时间越来越短，或者对过去的渴望已经变得稍纵即逝，成为你可以忽略不计的片段，那么是时候进入意义阶段了。

你可能在人生的不同阶段与意义发生过互动，但如果你的绳子没有绑好，你的岩石不够稳固，想征服这座山是不太可能的。或者你开始爬山了，却没做好登顶的准备。例如，我曾遇到这样的问题，那时我开始在网上写文章分享我的悲伤经历，试图通过帮助别人克服模糊悲伤，实现自己的意义。但是，当我收到其他人的回复时，我发现自己不堪重负——我自己的悲伤被触发了。尽管我很想找到人生的意义，但我选择的方式却让我脱离正轨，把一座不起眼的小山变成了不可逾越的大山。我松开绳子，回到出发时的原点，同时也让累积的痛苦把岩石深深地埋入大地——岩石仍然留在原地，牢牢地嵌入地面。

对的绳子与错的时机

把我的经验写出来与他人分享，这是我找到人生意义的方式，这一点没有错，但是我选择的时机不对——我开始得太早了。也许是因为我太绝望，想要让自己遭遇的丧失变得有意义，也许是因为想要别人一起见证我的遭遇，也许是因为把自己的故事写出来并与他人分享让我感觉良好，如同注射了一剂血清素——不管出于什么原因，我坚持了下来。但令人遗憾的是，这一举动为时过早。事实上，当你意识到实现意义的时机还不成熟时，放下绳子总是可以的。当你准备充分时，你自然会知道，并且可以再试一次。这样做的时候，你想要实现的意义可能与离开时一样。当然，它也可能以完全不同的形式出现，这时它或许已经分化或演变为其他东西。

意义并不是灵丹妙药

意义这个概念本身就让人感到做作和毫无意义。如果你遭遇的丧失以一种创伤的形式出现，如此令人心碎，你简直无法想象有什么意义能够弥补你蒙受的巨大损失。意义是人类自己创造出来的，旨在为本身不具备意义的事物赋予意义。有些丧失过于不公平、不公正和毫无意义，以至于赋予它们一些微不足道的意义，感觉就像你遭遇的丧失一样毫无意义和荒诞不经——例如，一次不同寻常的车祸使得你曾经健康的孩子再也无法与人交流，或者，曾经对你万般宠爱的父亲因为患有精神疾病却没有进行治疗，几次发作后变成了无家可归的流浪汉。对于某些人来说，寻找意义感觉就像为了减少不幸而进行的徒劳挣扎。

如果你经历了类似的悲伤，而且寻找意义只是在诸多无意义的事情上再添一笔，那你完全没有必要为任何事情赋予意义。即使你已经做到全身心接纳现实，也无须开启寻找意义之旅。即使你已经感受到意义的存在，也无须客气，可以坦诚地对它说："我看见你了，意义，但是我对你毫无兴趣。"如果你需要的话，可以把意义拒之门外，这完全没问题。在悲伤阶段，除了那群脏兮兮、讨人厌的过街老鼠，意义也是过客之一，它有一种类似救赎的品质：尊重边界。它会耐心地在门外等待，直到你邀请它进来。它尊重你的行动节奏、你的丧失和你的悲伤，不过，它最大的好处就是能够帮你甩掉烫手的山芋。当这一阶段来临的时候，你很快会发现，自己不再像以前那样痛苦了。共情可以减少羞耻感，同理，意义可以抚平痛楚——意义和痛楚不会同时存在。

意义并不是治疗痛苦的灵丹妙药，世上也没有这样的灵丹妙药。但跟其他应对痛苦的方式一样，它可以缓解痛苦，减轻痛苦的强烈程度，减少它对心灵的伤害。即使你相信寻找意义并不适合你，我依然要邀请你时不时地确认一下。当你感觉意义潜伏在身边时，可以考虑一下是否要重新选择。记住，意义就像一位忠实的朋友或者让人心安的心理咨询师，当你需要时，它就在那里。

对康复的解构与建构

当你回想整个悲伤历程的最初阶段，以及诱发事件发生时的艰难日子，你可能无法想象自己会有今天这样的状态。让我们快速复盘一下——看，你熬过来了。不仅如此，你还过得很好。你甚至可能正处于一种久违的积极情绪中。我们一起经历了各种错综复杂的情形，无论你已完成全部考验，还是选择了半途而废，不可否认的是，这一路走得很艰难。我们一起相处的时间已接近尾声，我不会举起机枪，用心灵鸡汤对你进行扫射——"这一切情有可原""一切都是值得的"或者"它不是来摧毁你的，它是为了成就你"。我不觉得这些说辞对你有用。我相信，你所遭受的丧失给你带来了巨大的痛苦。爱有多深，痛就有多深，你深陷巨大的悲痛之中，是因为你深深地爱着对方。我不清楚事情为什么会发生，也不知道你会不会从中寻找到意义以及找到何种意义，毕竟，一切都取决于你。但我知道，遭遇这样的丧失之痛，你或多或少都会受到影响，发生一些改变。当你在康复的道路上前进，我鼓励你把爱和意义带在身边。这两样工具你使用得越多，就越能成就丰满、明亮的自我。

用积极的眼光看待自己的康复，我能看到生活被各种各样、不计其数的恩赐点亮，这在诱发事件发生之前是没有的。我和内在自我、高维力量以及所爱之人联结得更紧密。我的见解、经验和人际关系都变得更加丰富了，这些都是以前我所没有也不敢想象的。当我解构康复不是什么时，我开始建构康复是什么，我意识到它并非我原来所想的那样。也许是"康复"一词让我产生了误解，我以为绕了一圈后我将回到原点，回到诱发事件发生之前的初始状态。毕竟，对"康复"最常见的定义是建立在"回到"某状态的概念之上的。在《牛津英语词典》的解释里，"康复"（recover）一词带有前缀"re-"，这源自拉丁语，意为"再一次、回到"；"cover"源自12世纪中期的古法语"covrir"（意为"遮盖、隐藏、掩盖"）以及古英语"covert"（意为"未公开承认、展示或宣称的"）。对这个词进行解构后，我认为它的字面意思是进入康复状态并不是一件值得骄傲的事情，而是需要掩盖、隐瞒和否认的情况——对我来说，要隐瞒的是我的丧失和悲伤。但现在，我的世界变得丰富多彩，这来之不易；我不想否认情感、身体和精神上的混乱，也不想否认我所遭遇和学到的一切。

尽管我才刚刚起步，但我觉得有一个词能贴切地描述我的状态，那就是"重生"（regeneration）。根据《韦氏大词典》的定义，"重生"是"再次塑造或者创造"的意思，是指精神上的重生，是指恢复到更好、更强、更有价值的状态，是指彻底改变以及变得更好。从另一个角度看"康复"，我发现它隐含着一种努力——努力隐藏和掩盖曾经让你痛苦的东西，努力回到你过去的状态，变回以前的你。对我来说，重生的目的性更强，它看起来更像是一种邀请——邀请我努力拥抱和尊重曾经的痛苦，利用这段经历和它赠予的礼物来重获新生。

无论你如何看待康复，用什么词来描述自己的悲伤经历，我希望你花点时间想想，这段糟糕、惊人、荒谬、不公平、令人困惑（可以插入你自己的形容词）的旅程对你产生了什么影响，它改变了你什么——尽管不一定是好的改变。当你对此进行反思，思考它对你意味着什么时，你可能会发现，当你顺其自然不强求任何事情恢复原状时，尤其是不强求悲伤消失时，治愈便会自然发生。相反，当你选择将悲伤公之于众，实际上你已经开始敞开心扉，如同花儿盛放在阳光下。如此，你会发现自己试图掩盖的悲伤不仅成了你生命的一部分，还是你康复的重要组成部分和打怪升级的跳板，最终成就了更好的自己。

你的康复阶段对你来说独一无二。这是个持续的过程，需要你不断付出努力和做出选择。这是个机会，我邀请你勇敢地审视一路以来你对自己的了解，用一种全新的、更有活力的方式体验生活。我相信，你会为自己的发现感到惊讶。

第七章

硬币的另一面

听着，卸下身上的重担，继续前行。你担心自己会忘记，其实你永远也不会忘记。你会宽恕和铭记。

——芭芭拉·金索沃（Barbara Kingsolver）

尽管我们在一起的时光即将结束，在我们卸下行囊之前，还有最后一站。在即将开启的这段旅程中，我们会讨论宽恕，这是很多模糊悲伤者绕不开的议题。每个人的悲伤经历都不同，在这一阶段所花费的精力也会有所不同。对于一些人来说，宽恕很容易，不需要花费什么精力，但对于另一些人来说，这却是一个艰难的过程，会耗尽所有的情感能量。无论你现在感觉如何，我建议你在开始前先设立目标。无论你是想尽可能学有所获，还是单纯为了熬过这段时光，都记得要按照自己的节奏行事，任何时候想停下来都行。为了帮助你提前做好准备，请花点时间思考一下我们将探索的内容。

- 宽恕对你来说是什么？
- 宽恕是否与你的悲伤有关？
- 允许宽恕找上门。
- 道歉是宽恕的载体。
- 缺席的道歉。
- 宽恕和遗忘，非此即彼还是相互共存？
- 硬币的另一面。

一路上，我们会从不同的角度来看待宽恕，并通过一项情绪强烈的练习深入挖掘。但首先，我邀请你对以下这个寓言故事进行思考。

农夫与蛇

从前，有一个男孩在父亲的农场玩耍，一不小心踩到一条蛇，被蛇咬了一口后死了。男孩的父亲非常愤怒，带上斧头去找这条蛇。找到蛇后，他将蛇的尾巴砍断。为了报复，蛇将他的牛群咬伤，使他蒙受了巨大的损失。他决定与蛇和解，于是拿着蜂蜜来到蛇窝，建议彼此宽恕，一切恩怨从此一笔勾销。他以理相劝，认为蛇可能会觉得自己没有错，而他自己本来也没有错，这样大家就扯平了。蛇拒绝了，让他把蜂蜜拿走，理由是它无法忘记自己失去的尾巴，而他也无法忘记自己失去的儿子。

从这个故事中，我们知道：有些伤害可以被宽恕，但是不会被遗忘，尤其是伤害你的人还活着。

如果你并不确定自己对宽恕有什么看法，或者它与你的悲伤有什么关系，这并不奇怪，因为很多人都是这样。关于宽恕的研究虽然超过2500项，但诸多研究人员至今尚未就宽恕的定义达成共识，更不用说对其过程进行定性，或者对其作用或影响进行量化。关于宽恕，目前的研究提出几个主要观点，包括：

- 宽恕是一种具有激励作用的社会本能，它与复仇之心共

同进化，为人类祖先解决问题。——迈克尔·麦克洛（Michael McCollough）

• 宽恕是一个基于意志力、"放下"怨恨和痛苦的决定。——迪布拉西奥（Diblasio）

• 宽恕是对错的人和事改变想法，将消极的认知转化为中性或积极的认知。——劳拉·汤普森（Laura Thompson）

• 宽恕是一个人从愤怒、怨恨和报复等情绪中走出来，转变为同情、怜悯和利他的行为。——埃弗里特·沃辛顿（Everett Worthington）

• 宽恕是一种选择，有意愿做到完全宽恕的人必须选择在认知、情感和行为上做出改变。——罗伯特·恩莱特（Robert Enright）

不管宽恕是如何产生的，一个普遍的共识是，宽恕可以由不同的方式启动，包括刻意为之的决定、犯错者的行为或者发生变化的情绪体验。另一个共识是，宽恕带来的积极影响多于消极影响，包括改善身心健康。这样一来，我们就更有理由寻求宽恕了，对吧？

遗憾的是，要做到宽恕并不容易，很多模糊悲伤者可能永远都无法做到。这并不是因为我们是一群充满怨恨和愤怒的人，而是因为宽恕非常复杂，容易受很多个性化的因素影响。我并不擅长面面俱到，所以我们会集中讨论宽恕与模糊悲伤的关系。为此，让我们看看一种被我称之为假性宽恕（faux-giveness）的现象，很多失去尚在人世的挚爱的模糊悲伤者对此非常熟悉。

错误的开端

在悲伤的早期阶段，有人向我提及宽恕，我感到震惊。他们从一开始不加掩饰的询问变成了后来的热切恳求，随着时间的推移，他们恳求的频率越来越高。当我用自己的方式对抗悲伤的侵袭时，这一小撮人却打着善意的旗号对我进行道德绑架。尽管我耐心、谦卑地跟他们解释，我所理解的宽恕与他们的不同，但他们不愿意接受。有些人因此感到生气或失望，而我结束谈话时总觉得自己让他们失望了。虽然当时我觉得很奇怪，但是我很快明白了原因，而且还发现很多人都有这样的遭遇。人们经常劝说模糊悲伤者尽早宽恕给自己带来悲伤的人——背叛自己的伴侣、离家出走的成瘾孩子、犯了错误或者误诊的医生。尽管很多人认为我们应该选择宽恕，但是我并不同意。我的经历告诉我，宽恕是我们治愈自己的过程中产生的副产品，而不是我们选择了宽恕才获得治愈。治愈并不始于宽恕，相反，治愈终于宽恕。

目前，我们对宽恕的看法常常与信仰联系在一起，并且相信没有宽恕，治疗就无法开始。这样的想法给挣扎的灵魂带来了不必要的负担，给原本单纯的宽恕增加了额外的压力，让本来就充满挑战的生活变得更加复杂。这似乎在默认将信仰和宽恕进行挂钩，这种（有瑕疵的）联系固然是很好的视角，但值得注意的是，事实并非一定如此。

如果你被宽恕束缚，试着审视自己，看看自己内心想要什么。与其忍受宽恕带来的压力，不如尊重自己，相信自己的内在节奏。这是展开你的宽恕之旅的更真实的方式，这也是你体验其他高级情绪的方式，例如爱和悲伤。人并不会在宣称恋爱后，就能突然爱上某个人，那么，我们为何要强求宽恕以这种方式进行？当我们这么做时，就让自己陷入了不可避免的失败模式：宣布自己要宽恕，逐渐变得沮丧，开始指责和变得愤怒，结果又回到了原点，重新拿起那只烫手的山芋。为此，我们会承受更多额外的压力，似乎做不到宽恕就是一种"失败"。

这是一种令人抓狂的旋转模式，将你卷入痛苦的恶性循环，给你本就满满当当的治疗工作增加了额外的负担。你感知到的失败会促使你完全放弃理解，这不仅会影响你宽恕他人的能力，也会影响你接受宽恕的能力。此外，这还会使你丧失对自己以及内在能力的信任，失去与宽恕建立真实关系的机会。真正的宽恕对别人有益，对自己也有益——你值得这样的回馈。要知道人都有两面性，所以生活可以复杂而轻松、痛苦而快乐，同时充满悲伤和爱意。当你与其他人进行互动，难免犯错误，而后要一次次地原谅自己（而且是正儿八经的原谅）。

与宽恕相遇

我曾与一位熟人进行了一次难受的谈话，他告诉我"为了治愈悲伤，我需要立即宽恕"，但我决定不这么做。在我的生活中，有很多人在不同的场合主动给过我上述建议，他们对我的悲伤有不同的看法。无论建议来自密友还是泛泛之交，我听到的声音都是："你要宽恕，请你立刻这么做，拜托。"他们都是心地善良之人，都希望我过最好的生活。但是，他们的建议并不适合我，对我来说也没什么意义。当我改变自己的观点，从他们的角度看问题，我才明白：他们想要我宽恕，是因为这符合他们的想法。他们的建议有些比较随意微妙，有些呈现出强烈的干预性，但是性质都一样——并非我需要宽恕，而是他们需要我宽恕。

有一段时间，我不知道该怎么办。我会用一个简单的词——"是的"来应对他们，这好像在说："是的，我已经宽恕了。"但这是谎言。说"是的"很简单，但是对我来说，它是假的，这并不是正确的选择。如果我假装自己已经学会宽恕，那些劝说我的人将仍然是我的朋友，但是我没有这么做，所以我失去了他们。我并不在意，而是将宽恕的想法置之脑后，继续试图理解横亘在我面前的名叫"悲伤"的大怪兽。这些年来，我很少考虑宽恕的问题。如果有人问起或者打听，我会迅速地回他一句叹息，以此拒绝任何询问："哦，我现在不关心这个。"或者，我只是礼貌地感谢询问者的关心，这是我经常做的事情。接着，在我的悲伤持续5年之后，我终于与真正的宽恕相遇。这并非意料之中，也不是我有意为之或者消极努力的结果。我没有和艾米就此进行讨论，也没有在脑海里进行思想斗争，甚至都没有在我的直觉中闪现。在一次徒步中，它就这么"出现"了。

宽恕并不是必需的

优胜美地的半穹顶出现在我的眼前。在海拔8000多英尺的地方跋涉10多英里后，我和一起徒步的同伴停下来喝水，对后面的路程进行评估：我们要在东面山坡进行最后一段爬升。峰顶的垂直高度是400英尺，坡度呈危险的45度角，大多数人选择了打道回府，这无可厚非。徒步到这里已经算是胜利者，如果"爬缆索"上去则需要更强的身体和心理素质，而且必须具备国家公园管理局颁发的许可证。当我们到达缆索处，有两个徒步者站在那里。"我不相信自己能够完成这个挑战。"其中一位徒步者摇着头说。"我也一样。"另一位附和道，然后他们一起选择了折返。每年有几个月，国家公园管理局都会在巨大且光滑的花岗岩上钻孔，装上缆索，每隔几英尺放置一块宽2英寸、长4英寸的木板，以此搭建临时的扶手和台阶。我用力拽了一下第一个扶手，看看它是否牢靠，就跟坐过山车时测试安全压杆一样。当我用戴着手套的手抓住缆索时，它绷得很紧。我相信这些阶梯，也相信自己，因而默默祈祷后，我集中注意力开始了这最后一段也是最危险的一段攀爬。"慢而稳则制胜。"我提醒自己。

最后，经过10分钟的艰难跋涉，我成功了。上面没有多少人，他们静静地坐着，专注地观赏着风景。这里美不胜收：可以看到蜿蜒的山谷，闻到清新、稀薄的空气，触摸到死寂的风，听到土拨鼠跳来跳去翻找食物的声音。与我一起徒步的同伴克里斯坐在我身旁，回味着自己的登山之旅。1年前，经过慎重考虑，我开始和他交往。当我开始回顾自己的旅程时，我不仅看到了自己一路走来所经历的艰辛和困苦，还看到了在那个普通的星期二早上之后发生的一切变化。在半穹顶上，我觉得自己比以往任何时候都更像自己，我也为自己感到骄傲。我动用了所有的勇气和真心，我不再怀疑自己的才智，开始完全相信自己。克里斯的出现也证明我正在学习重新信任他人。

我感觉自己终于找到了回家的路，但不是以前的家。我已经步入新生活，在充满色彩的世界中快乐地重生。我沉浸在喜悦之中，充满感恩。

一种虽不强烈但很明确的感受涌上心头，如同更新计算机操作系统一般，它似乎被上传到我的意识之中。"我已经更新到 2.0 版本了！现在我感受到宽恕了。"这不是一种给予或者接受宽恕的感觉，而是想弄明白何为宽恕以及什么样的宽恕比较适合我。我很快就明白，对我来说，宽恕并不是必需的（这是个有争议的观点），它与我无关。同时，我感觉轻松多了，沉浸于一种平和、近乎陌生的平静中。这让我想起了我的星空之旅，在那里我收获了顿悟，而现在我收获了宽恕。那一刻以及此后的很多时刻，我感恩经历悲伤的自己，没有屈从外界压力而假装宽恕。我遵循自己的真心，我发现有些东西更重要：相信自己以及明白什么是真实、真正的宽恕。

如果你难以理解宽恕或者宽恕会给你带来压力，或许这个有争议的观点也会帮到你。也许宽恕并不适合你。想想我分享的那些故事，你认为故事里的人需要宽恕她们的挚爱吗？你如何宽恕一个被诊断为痴呆或者脑损伤的人？你为什么需要宽恕一个想成为真正的自己的人？你需要宽恕那些被成瘾或者心理疾病折磨的人吗？对我来说，这些问题都有了答案——那天在半穹顶上，我以一种真实的方式弄明白了宽恕是什么。也许对你来说不是这样，当然，这没有关系。我希望你能以自己的方式与宽恕相遇——无论何时何地，只要符合你内心的愿望。

宽恕的基础

为了了解你对宽恕的反应，以及你为何会有这样的反应，让我们把目光转向你的童年。从这个角度来看，你会发现自己与宽恕的关系受到多种因素的影响，首先是你的童年经历。如果可以的话，请回忆一下你的人生，然后回答以下问题。如果你实在想不起早年的生活也没关系，只要记下你能想起的事情以及它们发生的时间就可以。

- 关于宽恕，你学到了哪些知识？

- 关于宽恕，你是如何被教导的？

- 谁教过你关于宽恕的知识？

- 你第一次宽恕别人发生在什么时候？

- 你为什么会选择宽恕？（例如，别人让你这么做，你觉得自己应该宽恕，你领悟到这是真正的宽恕。）

如果第一次练习的时候你什么都想不起来，不要担心。你的潜意识会继续工作，帮助你回答这些问题，所以在接下来的日子里，你要与记忆建立联系并开始深挖，然后记录下来——它们可能会为你的康复提供重要线索。即使你还没有体验过宽恕的感觉，或者没有得到父母正式的教导，其他消息来源也可能影响你的信念——老师、朋友，甚至是艺术品或新闻传媒。也许是一本书或一篇文章影响了你，毕竟，书面文字作为教学媒介的历史比大多数媒介都要长。

这些社会信息会影响你并不新鲜，几个世纪以来，不少诗人和父母发表了很多关于宽恕和致歉的文章。其中最著名的是英国诗人亚历山大·蒲柏（Alexander Pope）的《论批评》（*Essay on Criticism*）。这首长诗发表于 1711 年，它暗示宽恕是道德优越感的标志，因此备受赞誉和批评。他写道：

善良的天性和良好的理智必须永远结合在一起；

犯错者是人，谅错者是神。

但如果高尚的心灵中仍留有渣滓，

未能清除，余留怨恨和厌恶，

要么释放怒火激起更多的罪行，

要么在这险恶的时代瑟瑟发抖。

　　在 18 世纪，社会逐渐形成共识：宽恕是一种神圣而令人满意的行为。到了 19 世纪，开始出现写作指导手册，专门教人如何针对迟到撰写一封辞藻华丽的道歉信（当时被称为"辩解信"）。如今，针对各种各样的事情，包括在幼儿园派对上的失礼行为，播客上会清楚地列出宽恕的步骤——道歉和宽恕似乎已经逐渐从帮助我们关心自己和改善关系的工具，变成了评判行为举止和社会地位的工具。难怪现在的父母会对自己幼小的孩子进行快速干预，用教导的语言跟他们说"说对不起""说没关系"。虽然父母的本意是好的，但这样的引导只会帮倒忙，培养出一个个"鹦鹉学舌"而不是融会贯通的孩子。手把手地教孩子鹦鹉学舌，虽然可以让他们下次继续一起玩耍，但参与其中的孩子并没有得到锻炼机会，无法体验如何自主掌控自己的情绪。尽管关于真实道歉的研究已进入主流媒体，但似乎还没触及其内核。

无论你在哪里以及如何学会了宽恕，围绕宽恕形成的信仰体系都会影响你的世界观，影响你对以下问题的认知：别人期待你怎么做以及外界如何对待你。例如，当你伤害某人时，你可能被教导要寻求对方的宽恕。寻求宽恕的常见做法是向受到伤害的人道歉。对一些人来说，"对不起，你可以原谅我吗"确实是一种请求。但对另一些人来说，它并不是请求，而是一种假设：认为"对不起"已经很有诚意，对方必须接受（事实并非如此）。如果你与宽恕建立了一种健康的关系，有信心给予和接受恰当的道歉，这很棒！如果不是，弄明白你是如何学会（为何没有学会）给予和接受道歉的，将有助于解释当下你和宽恕的关系。

缺席的道歉

或许，你对如何给予或接受真正的道歉不感兴趣，但是对如何得到道歉感兴趣。与因丧亲而陷入悲伤的人不一样，因为模糊悲伤者的挚爱尚在人世，因而你仍有得到道歉的可能。你可能觉得自己应该或有权得到一个道歉，或者需要一个道歉才能继续前行。如果你得到了一个不恰当的道歉，你可能会继续等待一个更好的道歉，或者，你可能会觉得你爱的人给你带来这么多伤害，起码应该给你一个道歉。但是，纠结于一个不真实或不存在的道歉，只会让你再次踏入外部希望的大门，把注意力放在自己能力范围之外的事情上。虽然你渴望得到与痛苦相称的道歉，但你真正需要的并不是道歉。尽管你想获得道歉是因为你愿意接受它，宽恕别人然后继续前行，但这并不是你真正需要的东西。是的，你可能想要一个真正的道歉，但这并不是宽恕的必要条件，也不是治愈的前提。

记住，你是自己治愈工作的第一责任人，你正在为自己创造新的生活。如果没有道歉你就不能愉快地前行，请花点时间完成以下练习，创造你应得的道歉。

练习 19：道歉信

请你再次与内心的真实想法联结，为自己写一封你渴望已久的道歉信。以挚爱的名义写这封道歉信，抬头写上"亲爱的……"（加上你的名字），落款署上挚爱的名字。请尽可能自然地把你的想法写在纸上。把你的委屈和不满列出来，为每一个委屈和不满道一个歉。当你写完，试着分享给你的治疗师或者信得过的朋友，他们不仅可以见证这个过程，还可以帮助你处理它。

你不仅可以选择如何接受道歉，还可以选择是否接受道歉。虽然听起来有点违反常理，但是，无论接受还是拒绝他人的道歉，都不意味着你可以真正做到遗忘或者宽恕。为了更好地理解道歉，让我们再一次转换视角，重新审视道歉与宽恕的关系。

从不同的角度看待宽恕

爬完优胜美地半穹顶后的一年里，我拥有了全新版本的自己，对自己与宽恕的关系充满信心，直到一个恼人的问题出现在我的脑海里。就跟当初促使我开启旅程的问题（"为何我的悲伤与众不同"）一样，这个新的问题——"我们怎么才能找到宽恕"——以同样的方式鞭策着我。尽管我试图把这个问题装进刚刚腾空的口袋里,但是它不会一直乖乖地待着。相反,它在我脑海中游荡,白天是支离破碎的思绪,晚上是抽象的梦境,跟几年前希望出现时的情景一样。我如此努力才好不容易开始了新的生活,剖析宽恕并不在我的任务清单里,所以我觉得不需要这么做。

这种想法受到艾米的影响,但我没有怪她的意思。早些时候,她支持我的观点,认为假性宽恕会带来更多的挫败,但从那以后,我们再也没有提及这个话题。我内心有一个平静而微弱的声音在召唤我行动起来,我知道原因。我已经踏上宽恕之路,但现在我的内在自我却怂恿我走捷径。对我来说,我刚刚获得的宽恕不仅非常有效,还是意外之喜和真正的恩赐,因为我并没有那么渴望得到它。但在此过程中,我认识了许多模糊悲伤者,他们非常想做到宽恕,然而糟糕的是,他们可能永远无法真正做到,因为他们生活在假性宽恕中。这种想法让我产生了一种使命感,不仅是为了内在自我,更是为了我的模糊悲伤者同伴,他们的故事曾无数次帮助过我。然而,我仍然不想去揭开这块伤疤,我也没有时间。作为一名模糊悲伤的指导者,我的日子过得很充实,分心去追寻宽恕之路并不在我的行程之内。我刚做好决定,我的编辑却建议说:"因为每位宽恕者的经历都不一样,这中间缺了部分联系,所以还有很多值得探索的内容。"我知道她是对的,尽管我不想完成这一任务,但也许我需要这样做。我擦干眼泪,清空日程,开始从不同的角度审视我和宽恕之间的关系。

宽恕到底是什么？

自从我和玛雅在女性成长团体相遇后，她就成了我值得信赖的密友，我很珍视她给我的支持和建议。我记得在早期的一次聊天中，当我反复思考宽恕这件事时，她对宽恕进行了阐述。她认为，也许宽恕从一开始就没什么用。这话从她嘴里说出来让我感觉很困惑，因为她受了这么大的委屈。她为我调整了说法，她让我不要去思考"如何"去宽恕，而是去思考"什么"是宽恕。实际上，人们需要宽恕，但是他们却被阻碍了。那时我还不知道，玛雅邀请我思考宽恕是什么，等于为我提供了一盏她在自己的旅程中发现的指路明灯。尽管她用自己的智慧给我传递了火焰，但那时我还没有准备好，所以直到几年后，星星之火才变成我的指路明灯。这让我想起一句谚语："当学生准备好，老师就会出现。"

尽管我否定了玛雅第一次提出的观点，但我还是重新思考了一下，现在我很好奇它是否有更多内容。事实证明，的确如此。我开始思索宽恕是"什么"，包含哪些内容，感觉它就像层峦叠嶂的山峰，由多得惊人的委屈层层堆积而成。但跟山峰或者岩层不一样的是，爆破每一层都需要巨大的勇气和决心，爆破之后才能发现深埋最底层的东西。无论你现在处于宽恕的哪个阶段，通过认真回答你的委屈是什么，对它进行归档，看看你需要宽恕的伤害到底是什么，将会对你有所帮助，至少可以起到宣泄的作用。

此外，通过把你的委屈写下来，你并不只是在创建一份情绪清单，你也是在将心手相连，为你的感觉创造了空间，让它从心里流向纸上。

郑重声明：这个练习会带出大量回忆和情绪，因而请谨慎使用。尝试这个练习的最佳条件是：

- 独自一人，不受打扰。

- 身处安全、安静、舒服的环境中。

- 情绪平和稳定。

- 做完练习后有时间用自己喜欢的方式进行自我关爱。

- 有人可以帮助你处理你的发现。（为了获得更好的效果，你可以询问你的心理健康指导师是否愿意指导你渡过难关。）

练习20：倾诉你的委屈

想想你的挚爱，以及让你踏上模糊悲伤之旅的诱发事件。当你这样做的时候，接纳所有让你感到难受的感觉，比如伤害、仇恨、痛苦、责备、悲痛、尴尬、焦虑、后悔或羞耻等。这个练习不是为了消耗你的情绪能量，相反，一旦你深挖到底部，你会发现隐藏在背后的意图。一旦你将覆盖在宽恕之上的大山一层层移除，对底部进行审视，你的委屈就会变得有点不一样。

步骤1： 在记录本上列出你的委屈以及与之相关的情绪。记住，识别和命名你的情绪至关重要。

步骤2： 审视你的情绪清单，挖掘这些情绪背后的想法。识别出每一种情绪背后的想法后，尽可能毫无保留地将它们写下来。小贴士："因为"是一个很好的提示词，可以引出"是什么"和"为什么"。

下面两种情况可能会让你有所启示：

耻辱。我写下自己的委屈是因为我感到耻辱。背后的想法是："那个曾发誓爱我、关心我的人，居然做出了违背誓言的行为，而且其他人都知道，只有我不知道。""那些女人都是共犯，她们知道我的存在，她们肯定觉得我有些地方不如她们。""我太天真了，一点蛛丝马迹都察觉不出来。""我太轻信别人了，让这种事情在我眼皮子底下发生。""我打赌他们在一起的时候肯定会笑话我。"

被轻视。我写下自己的委屈是因为我感到被轻视。背后的想法是："我的孩子什么都没和我说，就切断了和我的联系，我觉得受到了她和我自己的轻视。""其他亲人一定跟她说谎了，对她编造我的不是。""她嘲弄我。""也许她认为我是一位可怕的父亲。"

当你把自己的委屈归档完毕，你的视角会再次发生改变。这一次，你会用到现代刑事司法系统常用的一个工具。在判定不法行为和相应的后果时，法律关注的是意图，意图被定义为"一个人故意实施违法行为的决心或决定"，它分为三种类型：

- 一般意图——无意中做出的行为。（例如，男孩在玩耍时踩到了蛇。）

- 明确意图——带有目的的行为，并进行了事先计划和预先准备。（例如，男人拿着斧头，想要伤害蛇，并且他确实这么做了。）

- 推断意图——虽然是一般意图产生的行为，却带来了伤害。尽管当事人可以对结果进行推断，但是他完全没有想过让这件事情发生。

（例如，蛇咬了男孩，男孩因此死亡。）

步骤3： 这是练习的最后一步，请从意图的角度审视你的委屈清单。在你列出的委屈中，是否有人故意对你造成伤害，是情绪上的伤害还是其他伤害？请确定这是一般意图、明确意图还是推断意图。

基于你在练习中积累的经验，你的发现可能会让你发生改变：也许你前面的路会从此变得不同，因为新的视角需要你更换路线；也许你会更清楚地看到阻碍你前进的绊脚石。对于一些人来说，通往宽恕的路很简单。例如，如果你的挚爱在诱发事件中没有选择，你知道他／她并非有意要伤害你，那就无所谓道歉和宽恕。不仅如此，如果你的挚爱罹患精神疾病或者阿尔茨海默病这类疾病，你也无法期待他们请求你的宽恕，因为他们不具备这样的能力。

相反，如果你的挚爱确实有意要伤害你，通往宽恕的道路就不会那么好走。例如，如果你对挚爱的信任感已彻底被对方打碎，你不知道自己不知道什么，所以你也不清楚自己的委屈有哪些，那么，这个练习就可以帮助你找出来你的委屈。有时候，比起知道挚爱有明确的意图且无视你的感受，更难受的是知道自己对一些隐情并不了解。不管哪种意图最适合你的情况，这个练习都可以帮助你识别出关于自己和他人的错误的想法，比如上面的例子中的"我太天真了"和"她嘲弄我。"想象一下，你正对这些错误的想法进行清理，打扫你的情绪废墟，而当你这么做的时候，你会发现留下来的东西一目了然：比如挚爱的行为和意图，以及你看待宽恕的不同视角。

爱与恐惧

在你继续之前，花点时间反思一下最后的练习，看看自己的感受如何。总的来说，你的感觉更倾向于爱还是恐惧？下面是这两种感觉的表现：

- 爱：温暖、平和、宽慰、安全、快乐。
- 恐惧：伤害、愤怒、悲伤、危险、害怕。

当我看着自己的清单，我发现我写下的委屈堆积成山，由一层层错误的想法和恐惧组成。

- 对别人如何看待我感到恐惧。
- 对即将发生的事情感到恐惧。
- 对不了解事情的隐情感到恐惧。
- 对失去爱感到恐惧。
- 对未知的未来感到恐惧。
- 对搞不清楚事情的缘由感到恐惧。
- 对宽恕感到恐惧。

我不仅惊讶地发现我拥有如此多的恐惧，而且进一步的反思表明，我一开始就对宽恕充满恐惧，因为我根本不知道如何处理它。所幸的是，我顶住压力没有进行假性宽恕，而是暂时将它放进口袋里搁置，因为我没有相应的工具来应对它。仔细观察之后，我能够分辨两者之间的细微差别，并且提出了一些不太明确但是很有价值的见解。尽管我觉得没有必要原路折返去搞清楚我现在已经弄明白的事情，但是我很庆幸这么做了，因为我又获得了全新且重要的见解：宽恕并不等同于忘记，也不能消除你的悲伤，更不是向别人表明你对自己受到的伤害"无所谓"。也许最令人沮丧的是，在目前这种容易因压力而进行宽恕的文化中，当模糊悲伤者没有"找到宽恕"时会感到内疚——这引发了我对宽恕的最后一个观点。虽然这可能与你的想法相悖，甚至有点吓人，但我鼓励你不妨一试。就像你对待自己害怕的其他东西一样——小时候床下的"怪物"、中年时的职业变化，你可以鼓起勇气一探究竟，看看它到底是何方神圣，以此减少你的恐惧。

宽恕也要顺其自然

尽管寻找缺失的那部分"联系"是我鼓起勇气一探究竟的唯一原因，但我很高兴这么做了。在此过程中，许多通往宽恕的道路开始出现，所有这些都有利于我的学习和成长，希望对你也是这样。

无论是出于内心的渴望还是受外部压力驱使，寻求宽恕都像是一件你需要完成的"事"。这不奇怪，因为几个世纪以来，在书籍、杂志、讲座和宗教研究中，"寻求宽恕"一直是最常见的主题之一。所幸，当时对康复进行反思帮助我发现了一个更好的视角——重生，我们也可以这样对宽恕进行反思。

与其费尽心机寻求宽恕，不如让宽恕来敲门。不过，停止寻求宽恕并不意味着你不是好人或者道德不高尚，也不意味着你冷漠、容易放弃或者无情。这只是意味着你从被强迫的状态转变为自如的状态，因为宽恕和爱一样，不能匆忙促成，也不能在压力下促成。与体验爱以及世间万物一样，宽恕也要顺其自然，按照它自己的节奏来进行，而不是按照你的节奏。如果你愿意让宽恕自己找上门，你只需要宣布你已敞开心扉，接着采取行动，在此期间给自己最好的照顾即可。

　　放弃对宽恕的追求后，你就有了足够的时间和空间关注自己，为自己增添快乐。你可以用新获得的能量增加自己的智慧、培养好奇心和滋养正在愈合的伤口。当你生活在丧失的另一面，无论你是否宽恕，以上这些都是你所需要的。尽管对宽恕的感觉有不同的描述方式，但它给你的感觉是很明确的。如果你还不知道自己是否已经找到宽恕，或者觉得自己找到了但是还有点不确定，那么你就不算找到。只有真正体验到宽恕的感觉，你才能知道自己是否找到了。无论最后是你找到了宽恕，还是它找到了你，又或许你们根本没有相遇，都请记住：并不是每个人都会遇到宽恕，而不遇到也没什么大不了。

宽恕与铭记

　　也许你会觉得宽恕与你的治疗没有关系，或者觉得进一步对宽恕进行探讨会花费额外的心力，而你并不愿意这么做。也许你发现宽恕并不是必需的（因为一开始就宽恕于事无补），也许你认为宽恕对你的治疗必不可少。对于那些寻求关系和解，特别是信任感已经被破坏的人来说，宽恕对他们的治疗来说尤其重要。在这种情况下，对宽恕的动态理解是心灵重建的有效工具。你对宽恕的理解可能会随着时间的推移而改变，还记得我们在第三章提到的黛安吗？她就是这种情况。遭遇丈夫出轨后，她选择与丈夫分居并决定离婚，开始鼓起勇气面对未知的恐惧。当她对内心进行审视，并花了几年的时间关注自己，同时观察到丈夫也在做着同样的事情，她有了重要的发现：尽管他们的爱尘封已久，但是它有坚实的基础。5年之后，基于这个发现，她与改过自新的丈夫建立了新生活。

"最初，宽恕看起来不太可能，"她说，"因为他背叛了我的信任和我们的关系。而且，他还破坏了我们之间的契约——一份我以为我们都会视若珍宝的契约。在我的愤怒消退之后，我意识到他是多么努力地承担行为的后果——他参加了探讨问题根源的个体治疗、探讨责任的团体治疗以及长达数周的夫妻咨询。"

"开始的时候，我很肯定没有任何理由能为他的出轨行为进行开脱，减轻他给我带来的创伤。但是，在对自己的情绪进行调整以及持续进行夫妻咨询的过程中，我开始从不同的角度看待他的问题。他的行为极大地伤害了我，但这并不是我的错，而是源自他个人的遭遇。他一生都在否认童年所遭遇的痛苦和折磨，而他成年以及和我结婚之后的行为都与之相关。明白这一点，我改变了自己的观点，我开始愿意原谅他。这并不是说我们要搬回去一起住，或者要成为朋友，而是说我愿意原谅他这一点已经是巨大的转变。我不知道我们未来的关系会怎样，但我知道旧的关系已经一去不复返了。"

受此启发，黛安和丈夫举行了一个仪式。和我虚构的仪式很像，这个仪式不仅改变了她，也改变了他们的关系。"这令人心碎，"她说，"我们埋葬了结婚戒指，象征着我们的婚姻已经死亡。这对戒指提醒我他违背了当初的誓言，摧毁了我对他的信任。即使我已经进行了好几年的康复，举行仪式的这一天，我的情绪仍然很低落。不过，对我们俩来说，这都是个很重要的里程碑。"

"一年之后，我们用一对新戒指举行了另一个仪式。对我来说这是涅槃重生，是对新关系的郑重承诺。这不仅是一种延续，还是对新事物、新希望的尊重。与第一次说'我愿意'相比，这次交换誓言时我们已经脱胎换骨。"

关于宽恕，黛安分享了她的最终感受："在康复的过程中，我对宽恕的体验又一次发生了转变——宽恕与我想的并不一样。宽恕不是说要放过别人，而是当别人伤害你的时候你仍然祝福他们，是因为你看到他们本身多于他们的背叛。尽管理解创伤能帮助我践行宽恕，但是我无法想象永远忘记创伤，我也不想这么做。时不时地，我们会造访旧日婚姻的墓地。去那里总是令人难过，但这也是我们的一部分——事实就是如此。"

把宽恕当朋友

无论能否帮你发现埋藏在内心深处的爱或恐惧，这个练习都可以成为你的工具，帮助你清晰地理解宽恕，以及它对你意味着什么。另外，它还可以缓解你无法解决但又挥之不去的感受，或者让你停下来思考一下。无论你是否要换个视角看问题，还是旗帜鲜明地反对某个视角，我希望你无论遇到多大的社会压力，都能坚持自己的立场，更有见地和自信。

对我来说，多个不同的视角帮助我发现了宽恕的不同内涵，否则我会漏掉或者无法清楚地表达以下内容。

- "对不起"并不是召唤宽恕的咒语，就像"我爱你"不一定能带来爱一样（但我们经常期待对方爱我们）。
- 不屈服于社会压力而宽恕，并不代表你怀恨在心或者想争权夺利。相反，这说明你很诚实、坚持真理且立场坚定（这比你学到的任何礼仪规范更重要）。
- 你拥有宽恕的所有权利：是否愿意宽恕、准备何时宽恕、如何宽恕，甚至想得到什么补偿（修补关系的条件不是由犯错者设定的，而是由你设定）。
- 只要你愿意，你可以通过宽恕重建关系。
- 宽恕并不可怕，它是你的盟友。
- 宽恕不是我们必须寻找的东西，时机成熟它就会登门拜访。

把握宽恕的主动权

关于宽恕，无论你决定怎么做，都取决于你：是否寻求宽恕，保密还是与人分享。例如，如果你选择宽恕，你可以自行决定是否与他人分享。当你宽恕后，无须告诉别人来证明确有此事；如果你守口如瓶也不会让宽恕失效。对某些人来说，对宽恕守口如瓶不仅是最好的选择，也是唯一的选择。如果你觉得重新和挚爱联系会给你带来更多的痛苦，让你又一次在内部希望和外部希望之间摇摆，或者阻碍你前进，那么，你可以邀请一位值得信赖的见证人，私下举办一个宽恕仪式。无论是宽恕者还是被宽恕者，你都有选择的主动权：你可以在寻找、给予、接受、拒绝、宽恕或者不宽恕之间随意选择和进行组合。无论你选择把宽恕踢过去、捡回来还是听之任之，只有你知道宽恕是不是自己所需要的治疗工具。你可能选择不去追寻宽恕，或者决定迟点再说，或者也可以回到我们一起探讨过的任何部分重新开始。是的，走回头路听起来有点可怕，但是请相信自己，你会找到属于自己的路。我知道你能做到，毕竟你已经走到这里了。

重要提示：宽恕是一种很私密的行为，因而关于宽恕的时间、方式等细节都是你自己的事情，与他人无关。如果我们不再把道歉和宽恕看成随随便便的行为，我们会更清楚地看到它们的本质。如果你从来不打探别人如何探索自己的性取向，那么也不要问他们任何宽恕的细节。

硬币的另一面

当我们走向终点，你可能会苦乐参半。尽管治愈之路曲折而漫长，让你一直不停地问"到了吗"，但它也给了你很多机会去探索"我是谁""我相信什么"和"我想如何前行"。你的情绪层层堆积——最初是这些情绪把你带到这里，并且鞭策你到达最后一站——挖掘这些情绪需要耗费大量精力。无论你认为结果是好还是坏，可能都和你预想的很不一样。也许，你认为自己需要或想要的东西，根本无益于你的康复，例如宽恕、道歉或者和解（或者与此相反）。这些都不是保证治疗效果的决定因素，真正的决定因素是你是否接受现实、承认你的悲伤和痛苦，以及你是否愿意采取行动进行治疗。同样重要的是，你没有走捷径或者依赖别人替你行事，相反，你投入时间和精力治愈自己破碎的心灵。此外，尤其重要的是，你有始有终——你如此优雅地走出丧失的阴影，积极地应对意想不到的现实和迎接新的挑战。

当你准备结束这段旅程时，记住新的旅程正在前方等着你。要看到硬币的另一面——丧失后的生活由你创造。经历这一切之后，我希望你能像我一样明白，无论前方有什么困难，你都拥有相应的工具帮助你。只要大胆地使用这些工具，你肯定会好起来的。因为你已经走过一段幽暗而孤独的路，这一路都把自己照顾得很好。你不需要害怕任何一条路，也不需要为意外降临的任何事情担忧，因为你可以相信自己——你完全可以靠自己渡过难关，而无须依赖你之外的任何人。

关于悲伤，我们要认识到这样一个事实：当你前行时，它会如影随形。有些人明白这一点，有些人会为此感到惊讶。但你无须感到害怕，丧失之痛已经成为你的一部分，如同自己的身体一样，悲伤会随着时间的变化而改变形状和重量。有时你会觉得它比任何时候都要大，有时你又会觉得它完全消失了。其实不然，它只是表面看起来跟以前不一样而已。你如何对待悲伤决定了你如何与它共处，它可以是你厌恶的污点，也可以是你拥有的美丽印记。悲伤是你的一部分，就跟身体的其他部分一样，管理它是你的责任。

如果你认为开启丧失后的新生活可以摆脱悲伤，这无可厚非。一路走来，你可能会觉得如果能放下爱，自己就能接受现实并找到治愈的方法。在寻找到意义之后，你也许以为悲伤已经治愈，可以开始康复后的生活了。然而并非如此，你并没有把爱放下，仍怀揣着爱意前行。通过挖掘情绪这座大山，你找到了宽恕的感觉，并战胜了恐惧——结果发现不仅悲伤还在，爱也还在。尽管悲伤和爱看起来并不像一对会同时出现的伙伴，但它们却是彼此忠诚的跟随者，也是你忠诚的跟随者。因此，当你快乐地开启丧失后的新生活时，要接受悲伤也同时存在的事实——不用怕，你会好起来的。

随着时间的推移，你会像对待其他事情一样对待悲伤，发现它已经不像以前那样令人沮丧了。你学会了温柔地对待你的悲伤，就像以前对待你的爱一样，由此，你发现你的爱仍与你同在。尽管它已经焕然一新，但它和悲伤一样，不会悄悄溜走，至少不会完全消失不见。并不是因为你"爱"着某人，悲伤才成为你的一部分，而是因为你"爱"着一个已经失去的人。爱不会因为改变形式而不复存在，尽管它失去了活力，不再增加，但并不意味着它消失不见了，不值得被认可。

随着你的人生道路不断展开，多年以后，可能仍有那么几天，丧亲之痛会让你不知所措，悲伤会让你失去平衡。但是，每次你试图关注它，而不是视而不见，你就会越来越走近悲伤。当对悲伤越来越熟悉，无论是否宽恕，你都会明白，每当你尊重自己的这部分，你的灵魂就会得到更多的治愈。你也会懂得，你不用为了悲伤而生气，就像你不会为了爱而生气一样。悲伤和爱是形影不离的一体两面，说到底，悲伤是爱的凭证。

整理你的行囊

记住，我们都只是过客。

——玛丽·麦基洛普（Mary MacKillop）

是时候说再见了，尽管山顶看起来不是结束旅程的地方，但我只能带你到这里。你可以把下一段旅程当成你的自助之旅，写下你的旅行日记，探索最适合自己的兴趣点。也许你会将关注点转移到朋友和家人身上，通过与所爱的人多联络来为自己充电；也许你已经克服足够多的困难，现在需要退回自己的安全空间进行休整；也许你会受到启发，重新审视自己的爱好，或者想做一些全新的事情。无论如何，即将到来的单独探险都是行程满满。对一些人来说，这令人兴奋，但对另一些人来说，这令人恐惧。如果你没有明确的计划，或者你不知道如何是好，那这段旅程可能会让你不知所措。我明白，因为我也是这么过来的。我发现，回顾往事可以帮助我们搞清楚下一步该怎么走。因此，旅行指南的最后一个练习就是帮助你做到这一点。经验老到的旅行者都知道，没有整理好行囊，旅程就不算真正结束。让我们最后聚在一起，完成这一步吧。自从我们出发以来，你已经有了长足的进步，所以当你浏览笔记，整理走过的旅程时，请带上特定的目标：看看你走过的路，看看你学到了什么，从中寻找线索指引你接下来的行程。

练习21: 盘点你的收获

当你准备好温故知新,请回到本书的开头。翻阅每一章,记下在旅程的每一站你产生的最深刻的感悟,以及最能引起你共鸣的收获。即使它们看起来无关紧要,但我敢担保实际上并非如此。请将每一分收获都看成你成长路上的闪闪发亮的明灯——你在旅程的每一站有所成长,都在点亮一盏明灯。从地面上看,它们就像独立的路标,引领你从这一站通往下一站。但从高处往下看,它们作为整体性的存在却勾勒出你所创造的成长之路。用这种方式看待你走过的路,可以帮助你将关注点放在自己过往的经验上,以确定自己未来前进的方向。一定要仔细翻阅你的记录本以获取线索,特别要留意你在掌握各种工具和进行各项练习时写下的内容。此外,记录下你发现的模式,例如,任何潜在的规律或者反复出现的感觉。趁你的记忆还比较鲜活,请对你的旅程进行最后的总结并记录下来——从你经历的诱发事件开始,到你在旅程中的每一站进行的探险。尽管你的旅程独一无二,但有一天,它也许会启发其他探索者。

点亮内心的光芒

无论下一步怎么走,你现在都可以完整地查看自己走过的路。你旅程中指路明灯的分布路线标志着你智慧的增长。对我来说,我获得了每天都进行反思的能力。你还记得我反思的第一件事情吗?我发现模糊悲伤的体验与丧亲不同，因为带来悲伤的挚爱尚在人世，但是两人的关系已经发生了巨大的变化。我最后的发现也出人意料，而且只有从整体去看才能看出一点端倪：正是模糊悲伤让我发生了巨大的变化。

最终，这段经历让我脱胎换骨，改变了我的思想、身体和灵魂。它让我结识了很多我原本不认识的人，她们有着不可思议的灵魂，将我和我的灵魂联结在一起。但一开始我并没有发现，直到我找到自己的路，并且从山顶的高处看到明灯组成的路，才认识到这一事实。此外，我发现这并不是我独有的体验，从某种程度来说，所有的模糊悲伤者都因此而改变。如何改变取决于你选择的路和你一路获得的洞察力，但跟爱、悲伤和宽恕一样，如何改变是个人化和独一无二的。

当你反思的时候，给自己一些时间来处理你的经历，并且要像往常一样与你的心理治疗师或者其他值得信任的心理健康人员进行交流。答案不会立马呈现出来，要对自己足够宽容，相信自己在一定程度上知道前进的道路。尽管它还没显现出来，但你要相信它一定会出现，因为最亮的明灯就在你心里。尽管你遭遇的丧失让自己的生活暂时断了电，内心的光芒因此变得黯淡，但你不会一直这样，随着你朝治愈一步步靠近，事实上，你已经通过很多方式重新点亮了自己。

也许，你已经与悲伤、自己、内在力量和他人都建立了联结。慢慢地，你破碎的自我会关注更高维度的存在，例如，更高层次的意识或者爱的来源。当你重新建立这些联结，你会重新点燃内在的光，直到啪的一声彻底打通任督二脉。当你继续排除外界的干扰，只要做好自己并聆听自己的内心，你就会进一步增强内在的认知，相信内心的光芒会永远指引你前行。如果你和其他模糊悲伤者都这么做，也许我们可以一起改进我们与悲伤的关系。也许到那时，我们不会再把它看成一位面目可憎、惹是生非的不速之客，而是把它当成一位令人尊敬的人生导师——一位我们会偶尔拜访、帮助我们成为更好的自己的人。但是，为了营造一种把悲伤视为护照上有价值的印章的良好的社会氛围，你还需要做一个决定——你是否愿意与他人分享你的旅程。悲伤很难被跨越，人们也很难听到悲伤者的故事，特别是当悲伤者背负着羞耻、尴尬或者困惑时，他们更加不愿意讲述自己的悲伤。你只需要知道，如果你决定分享，这些感觉并不能剥夺你分享的权利。

我怀疑探险者也有这样的困扰，无论是天文学家、新手海员、宇航员还是潜水员。和他们一样，你有权选择是否分享你的发现——你去过哪里、学到了什么——这完全取决于你自己。分享如此私密的事情容易受到伤害，因此并不容易；当然，这对我来说也不容易。也许你会感到害怕，不知道别人会如何看待你，或者你会因此遭遇社会压力，受到警告。正如你有权决定是否去爱或者宽恕一样，你也可以自主掌控你的悲伤之旅。因此，你可以选择是否分享自己的经历。

正如你在本书中遇到的旅行者一样，你的经历也改变了你。无论你未来的道路如何，我希望你都能怀着感激之情拥抱悲伤，并以多姿多彩的方式继续前行。我所描绘和分享给你的路只是众多道路中的一条，我衷心希望它能帮助你渡过难关。我更深切的希望是，通过分享我走过的路，能帮你发现自己的指路明灯，不再像我们相遇前那么孤独。如果能实现这一点，我最后希望你能获得重生，有一天能分享你的经验去帮助他人。这样，我们就可以一起为那些心灵破碎的旅行者照亮前路，通过我们的榜样作用告诉大家模糊悲伤不需要遮遮掩掩，也不需要让它彻底消失。它源自爱，因丧失而生，现在它深藏于我们内心深处，正带我们通往珍贵和神圣之地。

难道我们不希望如此吗？

附　录

15 种自我调整的工具

因为模糊悲伤与众不同而又极其复杂，使得经历模糊悲伤极具挑战性，因而在整个过程中拥有合适的工具是治愈的关键。我在本书中分享的以下 15 种工具是我的最爱，你可以在悲伤的不同阶段使用这些工具。不过，这并没有囊括所有工具，因此，如果你发现其他有效的工具，也可以纳入其中。

坐而起行。无论你是否遭遇悲伤，搞清楚并说出自己的渴望都是生活中的重要技能。说出渴望后需要采取（以及不断重复）相应的行动，以帮助你摆脱自己不想要的情绪和身体状态。

定制仪式。如果没有标准的模式来仪式化和承认关系的消亡，你会觉得自己的悲伤没有得到认可。你可以举行一个对自己有深刻意义的仪式或典礼，帮助你与现实和解。这样做可以让别人一起见证你的悲伤，让你表达对旧有关系的爱，以帮助你表达对当下结局的尊重。

宽恕。社会、宗教信仰和家庭都会影响你看待事物的角度。无论你是在努力寻求宽恕，还是满足于等待宽恕找上门，探讨你与道歉和宽恕之间的关系，也许会为你的治疗提供更深层的见解。

未来愿景观察镜。当你朝着内部希望不断成长，请练习展望你的未来。每天花几分钟安静地闭上眼睛，想象一下你想要的未来。要确保你自己才是练习的重点，而不要纠结于细枝末节（比如，你在洒满阳光的海滩上微笑，这样的描述就足够细致了）。一旦脑海里出现这样的景象，体会这种感受，让自己沉浸于这种感受之中，如果可以的话，坚持 1 分钟。

意图。从心理上明确自己要达到什么目的，可以帮助你规划行程并指导你的行为。意图要源自爱和关注自我，这很重要。例如，你的治疗意图是要温柔地对待自己，或者带着善意与自己爱的人进行互动。在整个旅程以及特定的阶段和日常互动中，请使用意图这一工具指引自己。请尽早确立并时常回顾你的意图，以更好地指引你一路前行。

直觉。在整个生活中，根植于内心深处的直觉都在指引着你。它就像装在你身体内部的 GPS，会本能地对你发出警告或者肯定你的选择。你越频繁地审视自己，跟随自己的直觉信号，你就越会对自己的直觉产生更多的信任。如果你坚持每天安静地进行直觉检查，练习听从自己的直觉，你可能会发现直觉的其他信号。

爱。 当你不断练习用自我关爱和共情的方式来爱自己，你自然可以更好地爱他人。当你不知道使用何种工具时，爱就是你最好的利器。你设立的意图可以是爱，你可以在爱中找到意义，用爱来制定你的康复名册等。为了他人和自己，请让你的一言一行都出自爱。虽然知易行难，但选择爱不会给你留下什么遗憾。

意义。 如果使用的时机恰当，这个工具可以帮助你减轻痛苦，增强你的洞察力。意义也可以产生一种解脱感，但如果过于匆忙或者时机太早，它不会持续太久。为了让意义感更加牢固，你首先要充分地接受现实。

冥想。 静下心，让注意力集中在呼吸上，以此练习活在当下。这一古老的练习方法能让你的神经系统平静下来，减少焦虑和压力。每天花上几分钟练习，然后逐渐增加练习时间。记住，冥想不是不思考：它在训练你的大脑，让脑海里喋喋不休的内在小孩安静下来。

我的同伴。 她们也在处理自己的悲伤，所以能理解你的丧失。比起并行的悲伤时间线，更重要的是你们拥有相似的诱发事件。丧失的性质不同会带来细微的差别，因而找到能理解你的人很关键。在早期，你的同伴尤为重要，她们就像特别行动队的队员，你们可以在最困难、最艰难的时刻互相帮助。请注意，如果你的同伴没有出现在你的康复名册上也没关系，而如果你们的气场不合，对你的治疗就不会有帮助。

康复名册。进入康复阶段后，你的日子不再被悲伤支配，这时要有意识地经营你的关系。当你步入丧失后的生活，持续的自我照顾非常重要，包括如实地评估你愿意与哪些人交往。在这个敏感的阶段，为了保存自己的心理能量，你要认真地进行分辨——通过一段时间的相处，你的感觉如何是最好的判断依据。

分类和归档。当你遇到越来越多的挫折时，要去识别你苦恼的来源，并审视它是否在你的能力范围内。这将使你明确自己的重点领域以保存能量，而不是让它消耗殆尽。当你发现自己在内部希望和外部希望之间来回摇摆，或者对所爱之人的言行感到失望或焦虑时，这是一个特别有用的工具。

心灵按摩。在悲伤的各个阶段，请关注是什么在治愈你。欣赏艺术、观鸟、阅读、运动、学习园艺、户外活动、播客、拼图、旅行、写作等，都是心灵按摩的手段。

时间。悲伤者通常把时间标记为丧失"之前"或者"之后"。虽然治愈需要时间，但消极地坐等时间流逝并不是可行的治疗策略。在诱发事件发生后，可以将其他支持性工具与时间的流逝结合起来，以一种健康的方式处理你的悲伤。

写作。通过写作描述你的经历，可以帮助你将脑海里的想法和情绪保存下来。写作通过你的手将你的心手相连，给了你释放和反思的安全空间。